정정당당
선거

정정당당 선거

2판 1쇄 발행 2020년 10월 30일

글쓴이 이여니
그린이 김정혜

펴낸이 이경민
펴낸곳 ㈜동아엠앤비
출판등록 2014년 3월 28일(제25100-2014-000025호)
주소 (03737) 서울특별시 서대문구 충정로 35-17 인촌빌딩 1층
전화 (편집) 02-392-6901 (마케팅) 02-392-6900
팩스 02-392-6902
전자우편 damnb0401@naver.com
SNS

ISBN 979-11-6363-270-2 74400

※ 책 가격은 뒤표지에 있습니다.
※ 잘못된 책은 구입한 곳에서 바꿔 드립니다.
※ 이 책에 실린 사진은 위키피디아, 셔터스톡에서 제공받았습니다.

초등 융합 사회과학 토론왕 시리즈의 출판 브랜드명을 과학동아북스에서 뭉치로 변경합니다.
도서출판 뭉치는 ㈜동아엠앤비의 어린이 출판 브랜드로, 아이들의 지식을 단단하게 만들어주고,
아이들의 창의력과 사고력을 키워주어 우리 자녀들이 융합형 창의 사고뭉치로 성장할 수 있도록 좋은 책을 만들겠습니다.

정정당당 선거

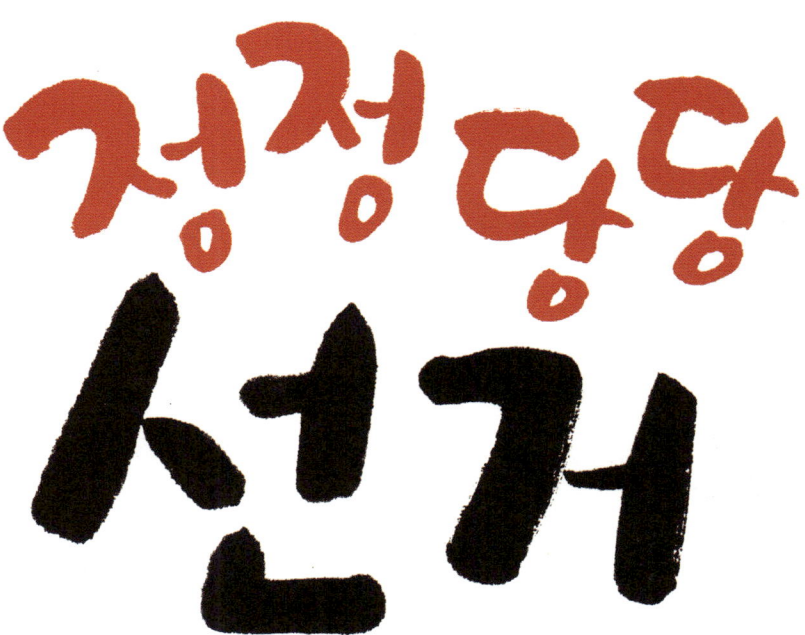

글쓴이 **이여니**　그린이 **김정혜**

펴내는 글

어린이는 왜 대통령 선거에 참여하지 못 할까요?
투표할 때 트위터로 선거 운동을 하는 건 공정할까요?

선생님의 질문에 교실은 일순간 조용해지기 시작합니다. 인내심이 한계에 다다른 선생님께서 콕 집어 누군가의 이름을 부르는 순간 내가 걸리지 않았다는 안도감에 금세 평온을 되찾지요. 많은 사람 앞에서 어떻게 말을 해야 할까 고민 한번 해 보지 않은 사람은 없을 겁니다.

사람들 앞에서 자신의 생각을 조리 있게 전달하는 기술은 국어 수업 시간에만 필요한 것이 아닙니다. 학교 교실뿐만 아니라 상급 학교 면접 자리 또는 성인이 된 후 회의에서도 자신의 의견을 분명히 표현할 수 있어야 합니다. 하지만 어디서부터 시작해야 할지 몰라 입을 떼는 일이 쉽지 않습니다. 혀끝에서 맴돌다 삼켜 버리는 일도 종종 있습니다. 얼떨결에 한마디 말을 하게 되더라도 뭔가 부족한 설명에 왠지 아쉬움이 들 때도 많습니다.

논리적 사고 과정과 순발력까지 필요로 하는 토론장에서 자신만의 목소리를 내려면 풍부한 배경지식은 기본입니다. 게다가 고학년으로 올라가서 배우는 수업과 진학 시험에서의 논술은 교과서 속의 내용만을 요구하지 않습니다. 또한 상대의 의견을 받아들이거나 비판하기 위해서도 의견의 타당성과 높은 수준의 가치 판단을 해야 하는 경우가 많은데, 자신의 입장을 분명히 하기 위해선 풍부한 자료와 논거가 필요합

니다. 「초등 융합 사회 과학 토론왕」 시리즈는 사회에서 일어나는 다양한 사건과 시사 상식 그리고 해마다 반복되는 화젯거리 등을 초등학교 수준에서 학습하고 자신의 말로 표현할 수 있도록 기획되었습니다. 체계적이고 널리 인정받은 여러 콘텐츠를 수집해 정리하였고, 전문 작가들이 학생들의 발달 상황에 맞게 스토리를 구성하였습니다. 개별적으로 만들어진 교과서에서는 접할 수 없는 구성으로 주제와 내용을 엮어 어린 독자들이 과학적 사고뿐만 아니라 문제 해결력, 비판적 사고력을 두루 경험할 수 있도록 하였습니다. 폭넓은 정보를 서로 연결지어 설명함으로써 교과별로 조각나 있는 지식을 엮어 배경지식을 보다 탄탄하게 만들어 줍니다. 뿐만 아니라 국어를 기본으로 과학에서부터 역사, 지리, 사회, 예술에 이르기까지 상식과 사회에 대한 감각을 익히고 세상을 올바르게 바라보는 눈도 갖게 할 것입니다.

『정정당당 선거』를 통해 민주 정치와 선거에 대해 알게 될 것이고, 이것이 우리 생활에도 크게 영향을 끼치고 있음을 깨닫게 될 것입니다. 선거 문화는 사회 구성원들뿐만 아니라 과학기술 혹은 또 다른 원인에 의해 바뀔 수 있다는 점을 배우게 되고 통합적 사고를 하게 된다면 이 책은 충분히 가치를 발휘한 것이 됩니다. 또한, 국어는 기본이고 과학에서부터 역사, 지리, 사회, 예술에 이르기까지 상식과 사회에 대한 감각을 익히고 세상을 바라보는 눈도 갖게 될 것입니다.

편집부

# 차례

펴내는 글 · 4
어떻게 대장을 뽑지? · 8

 ## 1장 아테네에서 꽃을 찾아라! · 11

시작이 아테네라고?

아테네의 비밀

숨겨진 꽃

토론왕 되기! 프랑스 대혁명

2장 뭐가 이렇게 복잡해? · 37

선거가 그렇게 중요해?

꼭 지켜야 할 네 가지 약속

선거관리위원회, 참 쉬워요

토론왕 되기! 선거구와 게리맨더링

 ## 3장 나도 해 볼까? · 59

소중한 한 표를 잡아라!

선거 반칙! 나 지금 떨고 있니?

투표야, 기다려라!

토론왕 되기! 과학적 통계로 보는 여론의 재미

4장 달라도 너무 달라! · 79

왕은 있으나 통치하지 않는다?

선거 불참, 이거 안 돼!

모든 나라가 선거를 하는 게 아니었어

토론왕 되기! 세계 첫 온라인 투표를 실시한 에스토니아
시민, 개념 찾아오기

5장 쉽다고 했잖아! · 103

정치 참여, 어렵지 않아요

떳떳한 정치 후원금

선거! 이게 최선입니까?

토론왕 되기! 과학으로 바뀐 첨단 투표·개표 장비들

어려운 용어를 파헤치자! · 124
선거에 대해 더 많이 알고 싶을 땐 여기를 가봐! · 127
신나는 토론을 위한 맞춤 가이드 · 128

시작이 아테네라고?

얼마쯤 날아갔을까? 뿌마는 뒤를 힐끔 돌아보았어요. 혹시 몰라 큰 나무에 몸을 숨긴 채 주위를 두리번거리는 것도 잊지 않았어요. 잠시 후 옆구리에서 귀퉁이가 닳아빠진 지도 한 장을 살며시 꺼냈어요.

"히히, 지도가 있는 줄은 몰랐을걸. 대장이 되는 건 이제 시간문제야."

뿌마는 나뭇잎을 한 장 들더니 지도 위를 여러 번 문질렀어요. 그러자 지도가 지렁이처럼 꿈틀

거리기 시작했어요.

"말로 하란 말이야! 말로! 치사하게 간지럼 태우기가 어디 있어?"

온몸을 비틀던 지도는 사르르 몸을 말아 버렸어요. 당황한 뿌마가 지도를 꽉 움켜쥐었어요.

"어디로 가야 하는지 빨리 말해! 그렇지 않으면 불 맛을 보여 줄 거야. 하나, 두우울……."

"아, 알았어. 아테네로 가서 꽃을 찾으면 돼. 그다음은 나도 몰라. 정말 모른다고! 더는 알려고 하지 마. 마법사님께서 아시게 되면 날 갈기갈기 찢을 거야."

"아테네? 꽃? 난데없이 무슨 꽃을 찾으란 말이야?"

"제발 더는 묻지 마! 불로 태워 버린다고 해도 말할 수 없어."

뿌마는 골똘히 생각하더니 지도를 펼쳤어요. 신기하게도 많은 도시 가운데 아테네라고 표시된 곳에 빨간 꽃이 반짝였어요. 한눈에 보기에도 탐스럽고 아름다운 꽃이었어요.

"와, 나처럼 정말 예쁜 꽃이네. 갖고 싶어."

지도 위에 핀 꽃을 뿌마가 만지려는 순간 지도가 얼굴을 찡그렸어요.

파르테논 신전이 보이는 그리스 아테네
아테네의 중심에는 '아크로폴리스'라는 언덕이 있었고, 그 언덕 아래에는
'아고라'라는 광장이 있었어요. 아크로폴리스는 아테네 시민들이 섬기는 신전이
세워져 있었고, 아고라는 시민들의 일상생활이 이루어지는 공공장소였어요.

"저리 비켜! 이건 반칙이야. 손대지 마!"

어느새 뿌마는 꽃 속으로 사라지고 없었어요. '쿵' 소리와 함께 뿌마는 나무 위로 떨어졌어요.

"아악! 마녀 살려!"

뿌마는 나뭇가지에 대롱대롱 매달렸어요. 뿌마 아래로 사람들이 웅성거리며 어딘가로 향하고 있었어요.

"오호, 옷차림도 머리 모양도 다른 걸 보니 여기가 아테네로군. 그런데 다들 어디로 가는 거야?"

뿌마는 옷에 묻은 나뭇잎을 털고 땅으로 내려왔어요. 그때 신발 바닥에 깔려 있던 지도가 소리를 질렀어요.

"답답해. 나 좀 도와줘."

"거기서 뭐해? 잠이라도 자는 거야. 크큭."

지도를 주머니에 넣은 뿌마는 후다닥 사람들을 따라갔어요. 사람들이 간 곳은 드넓은 아고라광장이라는 뜻였어요.

"사람들이 왜 모인 거지? 혹시 축제라도……? 야호!"

"쉿! 조용히 해. 곧 최고 집정관최고 통치자을 뽑을 거야. 여기 모인 일반 시민들 중에서 일 년 동안 나랏일을 맡을 사람을 뽑는데, 그 사람을 아르콘지배자를 이르는 그리스 말이라고 부르지."

"아, 따분해. 그냥 예쁜 순서대로 하라고 하면 될 것을 왜 이렇게 복잡하게 하는지 모르겠어."

뿌마는 소매에서 거울을 꺼내 들여다보았어요.

"무식하기는! 지금이 얼마나 중요한 순간인 줄 알아? 바로 아테네의 첫 선……. 아니다. 이놈의 입! 암튼 원시 시대에는 힘이 가장 센 사람이 무조건 우두머리가 되었어. 하지만 지금은 기원전 6세기경지금으로부터 약 2600년 전 그리스 아테네야. 그리스 시민이라면 누구나 정치에 참여할 수 있어. 이것이 바로 민주주의라는 거야. 모든 사람이 권리를 갖고 나라를 다스리는 주인이라는 뜻이지. 똑똑히 봐 두라고."

뿌마는 눈을 동그랗게 뜨고 혹시 있을 꽃을 찾아 두리번거렸어요. 하지만 아무리 기웃거려도 꽃이라고는 전혀 보이지 않았어요. 그때 뿌마의 눈에 띄는 것이 있었어요. 햇빛에 반짝거리는 것이 보석 같았어요. 뿌마는 누가 볼까 봐 잽싸게 뛰어갔어요.

"아니, 이건 보석이 아니라 도자기 조각이잖아. 그런데 이 글씨들은 또 뭐야?"

"오스트라키스모스!"

지도가 짧게 중얼거렸어요.

"너, 지금 주문 걸었지? 혹시 날 없애려고……. 이번에야말로 불태워 버리겠어."

뿌마가 씩씩거렸어요.

"아, 아니야. 그리스 어로 '도편 추방제'라는 뜻이야. 도편은 도자기 조각을 뜻하는데, 나라의 안정에 위협을 줄 거라고 생각되는 사람을 10년간 나라 밖으로 추방, 그러니까 쫓아내는 것을 말해."

"10년씩이나? 그건 그렇고 '도자기 조각'이랑 무슨 상관이야?"

뿌마는 도자기 조각을 유심히 살펴보았어요.

"바로 '도자기 조각'에 추방할 사람 이름을 적어서 비밀스럽게 뽑는 거지. 그전에 이 모든 것은 민회 시민들의 회의 기구 에서 결정을 하고 '도자기 조각'을 열어 볼 것인지, 말 것인지는 시민들이 손을 들어 결정하는 거야. 아마 난 네 이름을 써 놓았을 지도……. 히히히."

지도의 말을 듣고 뿌마는 알겠다는 듯 고개를 끄덕이면서도 퉁명스럽게 말했어요.

"뭐, 내 이름을 쓰겠다고? 제대로 한번 맞아 볼래? 그나저나 '도편 추방제'는 독재자를 막기 위한 것이란 말이지. 이런 것을 생각해 낸 아테네 사람들은 정말 똑똑하네."

  뿌마는 사람들이 모여 있는 곳으로 다시 돌아갔어요.

아테네의 비밀

  때마침 아르콘으로 뽑힌 사람이 고개를 숙여 인사를 하고 있었어요. 뿌마도 까치발을 하고는 박수를 쳐 주었어요. 그런데 뿌마가 이상하다는 듯 고개를 계속 갸웃거렸어요.

"또 뭐가 문제야?"

  지도는 시큰둥하게 물었어요.

"이상하지! 정말 이상해. 그리스 시민이라면 누구든지 정치에 참여할 수 있다고 했는데 왜 여자들은 보이지 않지? 모두들 예쁘게 꾸미려고 미용실에라도 간 거야?"

"푸하하하! 꼭 너 같은 생각만 하는구나. 그리스 아테네에서는 시민의 권리가 18살 이상의 남자에게만 주어져. 그것도 부모가 모두 아테네 시민이어야 가능해. 여자, 외국인, 노예, 어린이는 시민에 포함되지 않아. 그래서 아테네는 시민들이 직접 참여하는 직접 민주 정치이기는 하지만 오늘날의 모습과는 다른 제한적 민주 정치였다고 할 수 있지. 만약 네가 이 시대의 그리스 아테네에 살고 있었다면, 너도 정치에 참여할 수 없었을 거야."

"말도 안 돼! 여자는 시민도 아니란 말이야? 당장 따져야겠어. 아르콘을 만나야겠단 말이야."

뿌마의 마법노트

여성들은 언제부터 투표를 할 수 있었을까요?

세계 대부분의 여성들은 20세기에 들어서면서 선거를 할 수 있게 되었어요. 영국에서는 에밀리 데이비슨이라는 여성의 희생으로 1928년이 되어서야 투표권을 가지게 되었어요. 에밀리 데이비슨은 여성에게 투표권이 없는 것에 불만을 품고 있었어요. 그래서 경마 대회가 있는 어느 날 말이 달려오는 트랙으로 달려 나가 말에 짓밟혀 죽음을 당했지요. 이는 자기 목숨을 바치면서까지 여성에게 투표권이 없음을 사람들에게 알리려고 한 거였어요. 이 사실이 영국 전역에 퍼지면서 여성도 투표권을 가질 수 있게 되었어요.
한편, 뉴질랜드는 영국보다 앞선 1893년부터 여성들도 선거에 참여할 수 있었어요. 우리나라는 1948년 5월 10일에 역사상 처음으로 선거를 실시하면서 남녀 차별 없이 모두 선거를 하게 되었답니다. 남아프리카공화국은 흑인에 대한 인종 차별로 흑인 남녀 모두 선거를 할 수 없었지만, 1994년이 되자 마침내 인종과 성별에 상관없이 선거를 할 수 있게 되었어요.

뿌마는 소매를 걷어 올리고 성큼성큼 앞으로 걸어 나갔어요. 지도가 뿌마를 말렸지만 고집쟁이 뿌마는 막무가내였어요.

"정말 못 말리는 마녀야. 그렇다면 아테네에서 시민이 가져야 할 가장 중요한 능력이 무엇인지 밝혀낸다면 꽃을 찾아 줄 수도 있는데……."

지도는 슬쩍 말을 흘렸어요.

"능력이라면 당연히 힘이 세거나, 똑똑하거나, 아니면 부자거나 또 아니면 나처럼 예쁘거나……. 이 중에 답이 있지?"

눈을 반짝거리던 뿌마는 '땡!'이라는 지도의 말에 힘이 쭉 빠졌어요.

뿌마는 지도를 주머니에 대충 쑤셔 넣고는 발걸음을 옮겼어요. 분수대에서 물장난을 하고 있는 아이들을 만났을 때 뿌마는 귀를 쫑긋 세웠어요. 하지만 아이들의 웃음소리만 요란했어요. 그때 지도는 키득거렸어요. 뿌마는 투덜거리며 발에 걸리는 돌멩이를 힘껏 찼어요.

"아얏!"

돌멩이는 지나가는 시민의 등에 맞았어요. 뿌마는 얼른 분수대 뒤로 숨었어요. 뒤를 돌아보던 시민은 잠시 걸음을 멈추더니 이내 무엇이 급한지 빠르게 걸어가기 시작했어요.

'저 남자를 쫓아가면 뭔가를 알 수 있을 지도 몰라.'

뿌마는 조심스럽게 시민을 쫓아갔어요.

시민이 간 곳은 광장이었어요. 삼삼오오 모인 사람들은 토론을 하느라 뿌마에게는 눈길조차 주지 않았어요. 그중에는 부자로 보이는 사람들도 여럿 있었어요.

"공동체의 일에 관심이 없는 사람은 아무런 쓸모가 없는 사람입니다. 권력은 몇 사람의 손에 있지 않고, 많은 사람의 손에 있습니다. 가난은 장애물이 될 수 없습니다."

한 남자가 말을 마치자 여기저기서 웅성거렸어요. 대부분 고개를 끄덕이며 찬성하는 듯했어요.

"역시, 페리클레스야. 토론할 때 상대방을 설득하는 능력이야말로 최고의 힘이지."

시민들은 촘촘히 붙어 서서 페리클레스에게 박수를 보냈어요. 뿌마는 눈이 번쩍 뜨였어요.

"바로 이거였어! 상대방을 설득하는 능력 말이야."

"빙고! 신분이 아무리 높아도 다른 사람의 동의를 얻지 못하면 아테네에서는 힘을 쓰지 못해."

지도는 달갑지 않은 목소리로 중얼거렸어요.

"자, 이제 꽃을 찾

아 줘."

"이미 찾아 놓고선 뭘 찾아 달라는 거야? 바보!"

뿌마의 주머니에서 튕겨 나온 지도는 돌돌 말린 채 굴러갔어요. 뿌마는 화가 나서 지도를 뒤따라갔어요.

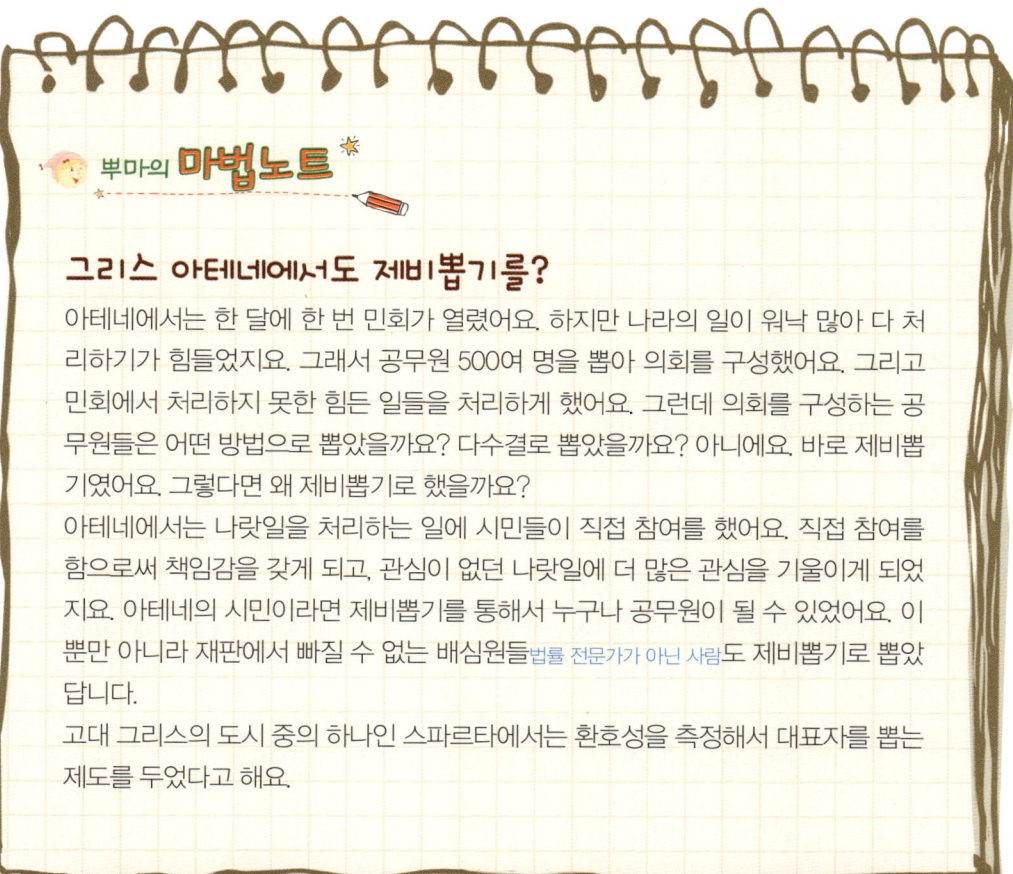

뿌마의 마법노트

그리스 아테네에서도 제비뽑기를?

아테네에서는 한 달에 한 번 민회가 열렸어요. 하지만 나라의 일이 워낙 많아 다 처리하기가 힘들었지요. 그래서 공무원 500여 명을 뽑아 의회를 구성했어요. 그리고 민회에서 처리하지 못한 힘든 일들을 처리하게 했어요. 그런데 의회를 구성하는 공무원들은 어떤 방법으로 뽑았을까요? 다수결로 뽑았을까요? 아니에요. 바로 제비뽑기였어요. 그렇다면 왜 제비뽑기로 했을까요?

아테네에서는 나랏일을 처리하는 일에 시민들이 직접 참여를 했어요. 직접 참여를 함으로써 책임감을 갖게 되고, 관심이 없던 나랏일에 더 많은 관심을 기울이게 되었지요. 아테네의 시민이라면 제비뽑기를 통해서 누구나 공무원이 될 수 있었어요. 이뿐만 아니라 재판에서 빠질 수 없는 배심원들 법률 전문가가 아닌 사람도 제비뽑기로 뽑았답니다.

고대 그리스의 도시 중의 하나인 스파르타에서는 환호성을 측정해서 대표자를 뽑는 제도를 두었다고 해요.

숨겨진 꽃

 숲 속에 이르자 지도는 멈추었어요. 뿌마도 덩달아 걸음을 멈추었어요.
 "이제 돌아가는 일만 남았네. 그전에 빨리 꽃을 찾아 줘."
 뿌마는 돌아간다는 생각에 싱글벙글거렸어요. 그러자 지도는 목소리를 가다듬으며 말했어요.
 "아직 끝난 게 아니야. 네가 살고 있는 대한민국의 민주주의도 알아봐야지. 그래야 대장이 되어도 할 말이 있지. 안 그래?"
 지도의 말에 뿌마는 입을 삐죽 내밀었어요.
 "언제 그걸 다 알아봐? 그러다가 내가 제일 늦으면 대장이고 뭐고 다 날아간단 말이야."
 "걱정 마. 내가 한눈에 쏙 들어오게 보여 줄 테니까. 기대하시라, 짜잔!"
 뿌마는 지도에 나타난 내용을 보고 어리둥절했어요.
 "와아, 정말 대단해. 태워 버렸더라면 큰일 날 뻔했네. 그런데 이게 다 뭔지 도무지 모르겠어. 쩝."
 뿌마는 자신의 행동이 멋쩍은지 머리를 긁적거렸어요.
 "하나씩 간단하게 살펴볼까? 대한민국은 36년간 일본의 식민 통치를 받았어. 스스로 민주주의를 만들어가는 데 어려울 수밖에 없었지.

1945년 8월 15일 마침내 꿈꾸던 광복이 현실로 나타났고, 많은 사람이 희망찬 국가를 만들자고 외쳤어. 국가를 잘 운영하기 위해선 정부가 필요하고 정부를 이끌 사람도 필요했어.

그런데 광복 직후 38도선 이남과 이북은 정치적인 입장 차이로 하나의 정부를 만드는 데 어려움을 겪어야 했어. 결국 1948년 남한 지역에서만 선거 5·10 총선를 실시하여 국회 의원을 뽑아 헌법 국가 최고의 기본법을 만들고, 국회 의원들은 이승만을 초대 대통령으로 뽑았지. 8월 15일에 이승만 대통령은 대한민국 정부가 세워졌다는 걸 전 세계에 널리 알렸어."

뿌마는 뭔가 생각났다는 듯이 말을 했어요.

"헌법을 만들어 선포한 7월 17일을 제헌절이라 하고, 대한민국 정부를 세운 날인 8월 15일을 대한민국 정부 수립일이라 하는구나."

"그렇지. 그런데 8월 15일은 광복절이기도 해. 연도만 다를 뿐이지 같은 날이거든."

"그런데 짧은 시간 동안 일어난 사건들이 뭐가 이리 많고 복잡해? 나처럼 착하고 예쁘게 살면 안 돼?"

"음, 200년 이상 걸려 민주 정치를 만들어 온 서양과 달리 대한민국은 아주 짧은 시간에 만들어 나갔어. 그런데 그 과정이 결코 쉽지 않았어. 민주 정치가 국가를 구성하는 모든 사람이 정치에 참여할 수 있는 걸 말하잖아. 하지만 오랜 기간에 걸친 독재 정치가 나타났고, 시민들은 스

대한민국의 민주주의 과정

광복 직후   국회 의원과 대통령을 선출한 뒤 대한민국 정부를 수립함(1948년)

⋮

4·19 혁명   이승만 대통령의 독재와 3·15 부정 선거에 대한 저항(1960년)

⋮

유신 체제 반대 운동   박정희 대통령의 오랜 독재에 대한 저항(1970년대)

⋮

5·18 민주화 운동   박정희 대통령이 죽고 혼란한 틈을 이용해 등장한 신군부에 대한 저항 운동(1980년)

⋮

6월 민주 항쟁   전두환 대통령의 강압 통치에 저항하고, 대통령 직접 선거를 주요 내용으로 하는 헌법 개정을 요구하며 시위를 벌임(1987년)

스로 이에 저항해야만 했어. 그 사건이 바로 4·19 혁명, 유신 체제 반대 운동, 5·18 민주화 운동, 6월 민주 항쟁이야."

"으악, 사건 이름이 너무 어려워."

지도는 웃으면서 설명을 계속해 주었어요.

"4·19 혁명은 이승만 대통령의 독재 정치에 저항한 사건이었어. 이승

서양의 민주주의 과정

고대 그리스   기원전 5세기경 여성, 노예, 외국인을 제외한 성인 남자들이 한자리에 모여 정책을 결정함

⋮

중세 및 절대 왕정기   강력한 국왕이 통치하였기 때문에 민주 정치가 불가능했음

⋮

근대 시민 혁명기   17~18세기경 산업과 상업을 통해 부유해진 사람들이 등장하여 자신들의 참정권을 요구하였으나, 국왕과 귀족이 이를 반대하자 혁명으로 이어짐(영국의 명예혁명, 미국의 독립 혁명, 프랑스 대혁명은 세계 3대 혁명임)

⋮

오늘날   시간이 지남에 따라 많은 사람들이 정치에 참여할 수 있는 민주 정치가 발전하였고, 시민이 사회의 주인이라는 생각이 강해짐

만 대통령이 물러나자 시민들은 민주주의를 앞당길 수 있을 거라 믿었는데, 군인들이 정치에 등장하면서 5·16 군사 정변 그 바람은 좌절되고 말았지. 곧이어 군인 신분을 벗어던진 박정희가 대통령으로 뽑혔는데 장기 집권과 시민에 대한 탄압이 문제가 됐어. 시민들은 끊임없이 반발했지.

  1979년 어느 날 박정희 대통령의 갑작스러운 죽음으로 나라가 혼란해지자, 새로운 군인 세력이 나타났어. 시민들은 지난 군사 정부의 독재를 떠올리며 자발적으로 저항 운동을 시작했지. 결국 좌절되고 말았지만 말이야. 전두환 대통령의 임기 임무를 맡는 기간 가 끝날 무렵 시민들은 대통령을 우리 손으로 직접 뽑겠다며 헌법을 고쳐 달라고 요구했어."

갑자기 뿌마가 고개를 갸우뚱했어요.

"뭔가 이상해. 대통령은 원래 사람들이 투표장에 가서 직접 선택하고, 많은 표를 얻은 사람이 되지 않았어?"

"하하하, 지금은 그렇지. 하지만 그땐 선거 대리인들이 한자리에 모여 대통령을 뽑았어. 시민들의 의견은 무시된 채 말이야. 시민들이 대통령을 직접 뽑겠다며 헌법을 고쳐 달라고 강력히 저항하자 결국 정부는 시민들의 요구 사항을 들어주었어. 이때 고친 헌법이 지금까지 이어진 거야."

뿌마는 국가 최고의 법인 헌법이 시민들의 적극적인 참여에 의해 만들어졌다는 사실이 놀라웠어요. 그냥 하늘에서 뚝 떨어진 것만 같았는데 지도가 가르쳐 주는 이야기를 들으며 생각이 달라졌죠. 뿌마가 무엇인가를 깨달았다는 표정을 짓자 지도는 말을 계속했어요.

"많은 사람의 희생이 없었다면 지금의 민주주의는 이루어질 수 없었어. 대한민국은 다른 나라에 비하면 민주 정치의 역사가 짧다고 할 수 있지. 어느 나라건 중심에는 국민이 있었고, 모두 평등하기를 원했어. 그것이 곧 민주주의의 정신이라고 보면 돼."

갑자기 뿌마의 얼굴에 아쉬움이 묻어났어요. 조금 더 자세히 알고 싶어졌거든요. 하지만 계속 지도의 말을 듣다간 시간에 맞춰 돌아갈 수 없을 것만 같았어요.

어렴풋이 뿌마는 거리로 나선 시민들을 떠올려 보았어요. 시민들이 자랑스러웠어요. 그때 지도 위에 반짝이던 꽃의 꽃잎들이 뿌마의 손바닥 위로 떨어졌어요. 뿌마는 꽃잎들을 조심스럽게 쓰다듬었어요.

"마침내 꽃을 찾았네. 사람들이 말하길 민주주의의 꽃은 바로 '선거'라고 말하더라고. 큭큭!"

지도는 낄낄거렸어요. 뿌마의 입가에 웃음이 번졌어요.

우리나라의 역대 대선과 총선

우리나라는 1948년 5월 10일 국회 의원 총선거를 치르면서 선거의 역사가 시작되었습니다. 대통령 선거는 임기에 맞춰 4년마다 실시하였다가 제13대 대통령 선거 이후 5년마다 하고 있어요. 국회 의원 선거는 정치 상황에 따라 몇 차례 달라지긴 했지만 보통 4년마다 치렀지요. 국회 의원은 일반적으로 국민들의 직접 선거로 선출되지만, 대통령은 정치적 상황에 따라 간접 선거로 선출되는 경우도 있었어요. 하지만 지금은 직접 선거로 대통령을 뽑는답니다.

1950년 9월 28일 서울 수복과 태극기 게양

1956년 이승만 대통령 취임식

1960년 4·19 혁명

1963년 박정희 대통령 취임식

1945년 광복 당시

1948
초대 이승만 대통령
(국회 선출, 4년)
초대 이시영 부통령
(국회 선출)

1951
제2대 김성수 부통령
(국회 선출)

1952
제2대 이승만 대통령
(직접 선출, 4년 중임)
제3대 함태영 부통령
(직접 선출)

1956
제3대 이승만 대통령
(직접 선출, 4년 중임)
제4대 장면 부통령
(직접 선출)

1960
제4대 이승만 대통령
(직접 선출)
제5대 이기붕 부통령
(직접 선출)
부정선거로 이승만 대통령 하야 (4·19 혁명)
제4대 윤보선 대통령
(국회 선출)

1962
국민 투표 (헌법 개정)

1963
제5대 박정희 대통령
(직접 선출, 4년)

1967
제6대 박정희 대통령
(직접 선출, 4년 중임)

1969
국민 투표 (헌법 개정)

1940 — **1950** — **1960** — **1970**

1948
초대(제헌) 국회 의원 선거
(임기 2년)

1950
제2대 국회 의원 선거

1954
제3대 국회 의원 선거

1958
제4대 국회 의원 선거

1960
4·19혁명으로 헌법 개정
제5대 참의원 선거
(임기 2년), 장면 총리

1961
5·16군사정변으로 국회 해산

1963
제6대 국회 의원 선거

1967
제7대 국회 의원 선거

1948년 대한민국 정부 선포식

1975년 제9대 국회부터 사용된 여의도 국회 의사당

국회 회의 모습

전두환 대통령 취임식

노태우 대통령 취임식

제12대 국회 의원 선거의 공명 선거 벽보

김영삼 대통령

김대중 대통령

노무현 대통령

이명박 대통령 취임식

문재인 대통령 취임식

1971
제7대 박정희 대통령
(직접 선출, 2년)

1972
제8대 박정희 대통령
(통일 주체 국민 회의 선출, 6년 중임)

국민 투표 (헌법 개정)

1975
국민 투표
(헌법 개정 및 정부 신임)

1978
제9대 박정희 대통령
(통일 주체 국민 회의 선출)

1979
제10대 최규하 대통령
(통일 주체 국민 회의 선출)

1980
제11대 전두환 대통령
(통일 주체 국민 회의 선출)

국민 투표 (헌법 개정)

1981
제12대 전두환 대통령
(대통령 선거 인단 선출, 7년 단임)

1987
제13대 노태우 대통령
(직접 선출, 5년 단임)

국민 투표 (헌법 개정)

1992
제14대 김영삼 대통령
(직접 선출, 5년 단임)

1997
제15대 김대중 대통령
(직접 선출, 5년 단임)

2002
제16대 노무현 대통령
(직접 선출, 5년 단임)

2007
제17대 이명박 대통령
(직접 선출, 5년 단임)

2012
제18대 박근혜대통령

2017
박근혜 대통령 탄핵
제19대 문재인 대통령
(직접 선출, 5년 단임)

1980 — **1990** — **2000~2020**

1971
제8대 국회 의원 선거
유신헌법으로 국회 해산

1973
제9대 국회 의원 선거
(임기 6년)

1978
제10대 국회 의원 선거
10·26 비상계엄으로 국회 해산

1981
제11대 국회 의원 선거

1985
제12대 국회 의원 선거

1987
6월항쟁으로 헌법 개정

1988
제13대 국회 의원 선거

1992
제14대 국회 의원 선거

1996
제15대 국회 의원 선거

2000
제16대 국회 의원 선거

2004
제17대 국회 의원 선거

2008
제18대 국회 의원 선거

2012
제19대 국회 의원 선거

2016
제20대 국회 의원 선거

2020
제21대 국회 의원 선거

달력으로 만나는 민주주의

연말에 새해 달력을 받으면 새해에 있을 공휴일을 먼저 챙기지요? 한 장씩 달력을 넘기다 보면 공휴일 사이로 여러 기념일이 있다는 걸 알게 돼요. 달력에 표시된 기념일들은 역사적 사건들을 해마다 다시 떠올리고 기념하기 위한 것이 대부분이에요. 여러 기념일을 떠올려 보며 1년간 민주 시민으로 살아가기 위한 프로젝트를 계획해 보는 건 어떨까요?

3월 8일 세계 여성의 날

1908년 3월 8일, 미국 여성 섬유 노동자들이 노동 시간 및 작업 환경에 대한 개선, 참정권 등을 요구하며 시위를 벌인 것을 기념하기 위해 제정한 날

3월 15일 3·15 의거 기념일

1960년 3월 15일 마산(현 창원)에서부정 선거에 대한 항의로 일어난 시위를 기념하기 위한 날

4월 19일 4·19 혁명 기념일

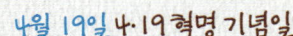

이승만 정권의 집권이 계속된 가운데 1960년 3월 15일의 부정 선거에 반발하여 4월 19일에 부정 선거 무효와 재선거를 주장하며 학생들이 중심이 되어 일으킨 혁명을 기념하기 위한 날

5월 1일 노동자의 날

노동자의 권리와 이익, 복지를 향상하고 안정된 삶을 도모하기 위하여 제정한 날

5월 18일 5·18 민주화 운동 기념일
1980년 5월 18일부터 27일까지 전라남도 및 광주 시민들이 신군부에 저항하며 일으킨 민주화 운동을 기념하기 위한 날

7월 17일 제헌절
1948년 7월 17일 대한민국의 헌법을 제정하고 널리 알린 것을 기념하는 날

8월 15일 광복절, 대한민국 정부 수립일
일제 강점기에서 해방된 것을 기념하고, 대한민국 정부 수립을 크게 축하하는 날

10월 5일 세계 한인의 날
세계 각지에 거주하는 재외 동포의 민족적 의의를 되새기는 날

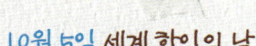

12월 10일 세계 인권 선언일
1948년 12월 10일에 국제 연합에서 세계 인권 선언이 채택된 것을 기념하는 날

프랑스 대혁명

'혁명'이라는 말은 텔레비전이나 인터넷, 신문 등을 통해 많이 들어 봤을 것이다. 혁명은 기존의 제도나 방식 등을 한순간에 깨뜨리고 완전히 새로운 것을 만드는 일을 말한다. 역사에서는 국왕의 의한 정치를 헌법에 의한 정치로 바꾼 사건을 가리킨다. 헌법은 한 나라의 가장 기본이 되는 법으로 시민들이 참여하여 만드는데, 결국 헌법에 의한 정치 헌정는 시민들에 의한 정치를 말한다.

1789년에 일어난 프랑스 대혁명은 영국의 명예혁명, 미국의 독립 혁명과 함께 세계 3대 혁명으로 불린다. 프랑스 대혁명은 혁명의 교과서라 불릴 만큼 혁명의 특징이 잘 나타난 사건으로 전 세계에 많은 영향을 끼쳤다. 오늘날 프랑스 시민들이 자신의 조상들이 일으킨 이 사건을 아주 소중히 여기는 것은 당연하다.

시간을 거슬러 약 200년 전, 국왕이 절대적 권력을 누리던 프랑스는 사회적으로 많은 문제를 안고 있었다. 인구의 대부분인 농민은 많은 경제적인 부담에 시달렸고, 상공업으로 부자가 된 새로운 계층은 귀족만큼 성장했지만 정치 참여가 제한되어 있었다. 반면 국왕과 귀족은 전 인구의 2%에 불과하지만, 프랑스의 토지와 돈을 대부분 갖고 있었다.

화려한 베르사유 궁전을 지었던 루이 14세 때부터 쌓여온 빚과 미국의 독립 전쟁 참여 등으로 프랑스 정부 당시에는 '부르봉 왕조'라 함는 돈이 거의 바닥났다. 게다가 계속된 흉년으로 빵값은 급격히 올랐고, 이를 견디지 못한 농민들은 벌떼처럼 모여 정부에 저항하기 시작했다. 하지만 프랑스 국왕은 귀족들과 화려한 파티를 즐길 뿐, 대책을 제대로 세우지 못했다. 결국 많은 하층민은 억압의 상징이었던 바스티유 감옥을 공격하였고, 이를 계기로 프랑스 전체에 혁명의 불이 번져 나갔다. 혁명이 전개되면서 루이 16세와 그의 아내 마리 앙투아네트는 단두대에서 목숨을 잃었다.

사실 프랑스 국왕은 그 자체가 프랑스라고 할 수 있었다. 프랑스 국왕이 거리로 나오면 너나 할 것 없이 모두 바깥으로 나와 환호성을 지르고 국왕을 맞이해야 한다는 게 그 당시 프랑스 사람들의 생각이었다. 그럼에도 단두대에서 프랑스 국왕을 처형한 사건은 주변 국가의 국왕들에게 상당한 충격을 불러일으켰다. 프랑스 대혁명은 국왕에 의한 정치를 헌법에 의한 정치로 바꾸었고, 이러한 혁명 정신은 유럽 전 지역으로 퍼져 나갔다.

한편, 무시무시한 단두대는 혁명 당시 파리 대학교의 의학 교수였던 기요틴 박사가 만들었다. 그는 처형은 누구나 같은 방법으로 고통 없이 진행되어야 한다고 생각해서 큰 도끼가 달린 단두대를 만들었다.

프랑스 혁명 과정에서 사람들이 불렀던 '라 마르세예즈'는 오늘날 프랑스의 애국가가 되었고, 혁명 당시 총사령관이었던 라파예트가 시민에게 나누어 준 모자의 빛깔에서 유래된 삼색기 파랑, 하양, 빨강는 오늘날 프랑스의 국기가 되었다.

라 마르세예즈
나가자, 조국의 아들 딸이여! 영광의 날은 왔도다! 나쁜 국왕에 마음 굳건히 맞서서 ······
우리 강산에 울려 퍼지는 끔찍한 적군의 함성을 들으라! 적은 우리의 아내와 사랑하는 이의 목을 조르려 다가오고 있도다! ······
앞으로 가자! 앞으로 가자!

프랑스의 국기

프랑스의 개선문
사진 전면에서 오른쪽 기둥에 있는 조각이 라 마르세예즈 조각이다.

 선거가 그렇게 중요해?

빗자루를 타고 가던 또마는 갑자기 끼이익 소리를 내며 멈춰 섰어요.
"잠깐! 무작정 찾아 나설 것이 아니라 머리를 써야지. 머리를!"
또마는 분신처럼 아끼는 책을 어루만졌어요. 또마 곁에는 항상 책이

따라다녔지요. 책의 앞표지에는 '알 건 다 알아 백과사전'이라고 크게 쓰여 있었어요.

"이 백과사전만 있으면 굳이 인간 세상까지 갈 필요가 없단 말씀이야. 히히힛."

또마의 안경이 햇살에 반짝였어요. 차례를 뒤적이던 또마의 손가락이 한가운데에서 멈추었어요. '선거 302쪽'이라고 쓰여 있는 것을 보자 가슴이 쿵쾅거렸어요. 또마는 숨을 깊게 들이마시고 책장을 넘겼어요.

'선거 – 공직자나 대표자를 뽑는 의사 결정을 말한다.'

그다음 장을 넘기던 또마는 놀라움으로 입이 떡 벌어졌어요.

"어, 어! 이게 뭐야?"

또마는 믿을 수가 없어 눈을 여러 번 비볐어요. 그다음 장부터 다른 내용들이 나왔거든요. 자세히 들여다보니 여러 장을 급하게 찢은 흔적이 있었어요. 마녀들 중 누군가가 일부러 찢은 게 분명했어요. 울상이 된 또마는 금방이라도 울음이 터질 것만 같았어요.

"내가 당하고만 있을 줄 알아? 똑똑한 마녀는

다르다는 걸 꼭 보여 주고 말테야."

순간 또마는 숲 속 끝자락에 있는 마녀들의 도서관이 떠올랐어요.

"시간 낭비는 여기까지! 도서관으로 고고!"

또마는 빗자루를 돌려 최대 속력으로 날아갔어요.

생각보다 도서관은 한가했어요. 1층으로 들어간 또마는 한정판이라고 쓰여 있는 코너로 빠르게 걸어갔어요. 색이 바랜 백과사전이 또마의 눈에 크게 들어 왔어요. 또마는 백과사전을 조심스럽게 들고 구석을 찾아 앉았어요.

"도대체 인간들은 '선거'라는 것을 왜 하는지 그것부터 알아봐야겠어."

백과사전에는 200쪽부터 선거에 대해 나와 있었어요.

"음, 그러니까 사람들이 많아지면서 모든 사람이 직접 정치에 참여할 수 없게 되자 대표자를 뽑게 된 거로군. 역시 대표자를 뽑는 것은 아주 중요한 일이야. 이런 걸 '간접 민주 정치'라고 부른단 말이지!"

또마는 '선거'에 대해 흥미가 생기기 시작했어요.

"선거라는 녀석은 대표자를 뽑는 일만 하는 거야? 또 다른 뭔가가 분명 있을 거야. 그렇지 않고서야 마법사님이 알아 오라고 했겠어? 자, 그럼 더 읽어 볼까."

안경을 고쳐 쓰며 또마는 백과사전을 앞으로 바짝 끌어당겼어요.

"사람들의 다양한 의견을 하나로 모으는 일도 하고, 대표자가 어떤 일을 할 때 그것이 정당하다고 인정해 주며, 대표자가 제대로 일을 하지 않을 때는 다음에 대표자를 바뀌게도 할 수 있으니……. 사람들의 대표자는 제멋대로 일을 하지 못하겠구나. 그럼 그렇지. 선거라는 녀석이 하는 일이 많군."

또마는 사람들의 선거가 마음에 들었어요. 친구들을 만나면 시험 삼아 해 보고 싶을 정도였어요. 물론 친구들을 잘 이해시켜야 하겠지만 말이에요. 또마는 벌써부터 대표자가 되어 있는 자신의 모습을 상상하느라 입이 헤 벌어진 줄도 몰랐어요.

꼭 지켜야 할 네 가지 약속

그때 거친 손이 또마의 어깨를 툭 쳤어요. 또마는 깜짝 놀라 백과사전을 떨어뜨렸어요. 순식간에 백과사전이 연기처럼 사라졌어요. 뒤에는 처음 보는 나이가 지긋한 마법사가 서 있었어요.

"아이코, 미안하구나. 난 단지 자리를 비켜 달라고 말하려던 참이었는데. 그 자리는 옛날부터 내 자리였거든. 그런데 도서관의 규칙에 따라 그 책은 일주일 후에나 볼 수 있겠구나."

> **도서관 규칙 제3조**
> 책을 떨어뜨리면 일주일 후에 다시 볼 수 있다. 책을 떨어뜨리면 망가질 수 있으므로 이는 책을 보호하기 위한 조치이다.

"헉, 이럴 수가! 이제 다 끝났어. 무슨 수로 선거를 알아봐. 후유!"

또마는 한숨을 쉬었어요.

"방금 선거라고 했니? 선거라면 나도 좀 아는데……. 인간 세상에서 한동안 살았던 경험도 있고 말이야."

마법사는 수염을 어루만졌어요. 그 소리를 들은 또마는 벌떡 일어났어요.

"정말이죠? 그럼 저 좀 도와주세요. 선거에 대해 꼭 알아야 하거든요.

제발요!"

또마는 눈물을 글썽였어요. 마법사가 빙그레 웃었어요.

"녀석 급하기는……. 허허, 그러니까 기억을 더듬어 보자꾸나. 공정한 선거를 위해서는 네 가지의 원칙이 지켜져야 한단다. 첫 번째는 보통 선거를 말하지. 나라마다 다른데, 대한민국은 만 19살이 되면 누구나 선거할 수 있단다."

"누구나라면 남자든 여자든, 많이 배우든 그렇지 않든, 부자이든 아니든 상관없다는 말인가요?"

또마의 질문에 마법사는 고개를 끄덕였어요.

"말귀를 금방 알아듣는구나. 두 번째는 평등 선거를 말하는데, 한 사람이 한 표씩만 갖는 걸 말한단다. 하지만 옛날에는 권력을 가진 사람이나 귀족들은 표를 여러 장 가질 수 있었다고 하더구나. 예를 들어 부자인 내가 1000장을 투표한다면 넌 겨우 1장을 하게 되겠지? 이게 얼마나 불평등하냐?"

어느새 또마는 독수리 깃털을 꺼내 자세하게 적어 가고 있었어요.

"세 번째는 직접 선거를 말해. 말 그대로 직접 투표를 해서 대표자를 뽑는 것을 이르는 말이야. 이런저런 이유로 대신 투표를 할 경우 처벌을 받을 뿐만 아니라 그 표를 인정해 주지도 않는단다. 직접 선거의 반대말이 무엇인지 혹시 짐작이 가니?"

마법사의 질문에 또마는 골똘히 생각을 했어요. 그러고는 생각이 난 듯 무릎을 탁 쳤어요.

"간접 선거가 아닐까요?"

"정답이다. 아주 똘똘한 마녀로구나. 미국의 대통령 선거는 지역별로 선거인단을 따로 모아서 그들이 선택한 사람을 대통령으로 뽑아. 이것을 간접 선거라고 말한단다. 그럼 미국은 공정한 선거를 하지 않느냐고? 꼭 그렇지만은 않아. 선거인단은 시민들의 직접 선거로 뽑는단다. 나라별로 처한 상황이 조금씩 다르기 때문에 나름대로 최선의 선택을 한 것이라고 볼 수 있어."

어느새 마법사는 또마 옆으로 다가와 앉아 있었어요. 또마는 마법사의 수염이 생각보다 길다는 생각이 들었어요.

"그런데 말이에요. 투표는 꼭 정해진 날짜에만 해야 하나요? 집에서

편안하게 하면 안 되는 건가요? 선거하는 날에 중요한 약속이 잡혀서 못 한다면 다른 방법이 없나요?"

또마는 숨도 쉬지 않고 궁금한 점들을 마구 쏟아 냈어요. 그런 또마를 마법사는 신기한 듯 쳐다보았어요.

"물론, 다른 방법이 있지. 선거를 하고 싶지만 특별한 상황으로 못할 경우, 예를 들면 몸이 아프거나 군대를 갔을 때 '부재자 투표'라는 것을 할 수 있어. 먼저 부재자 투표를 하겠다는 신고를 하고 투표한 용지를 우편으로 보내거나 임시로 만들어 놓은 투표소에 가서 할 수도 있단다."

마법사는 또마가 다른 질문을 하려 하자 고개를 흔들어 보였어요. 그러고는 말을 계속 이어 갔어요. 또마는 처음보다 더 귀를 쫑긋 세웠어요.

"네 번째는 비밀 선거란다. 쉽게 말해서 누구를 뽑았는지 다른 사람이

알지 못하게 하는 것을 말하지. 자기 마음대로 투표할 수 있는 자유를 주자는 걸 말한단다. 비밀 선거의 반대는 손을 들거나, 이름을 불러서 하는 공개 선거란다. 너를 보니 비밀이라는 말이 새삼 재미있구나. 껄껄껄."

마법사는 무엇이 재미있는지 큰소리로 웃었어요. 또마는 가슴이 덜컹 내려앉았어요. 느낌이 좋지 않았거든요.

'혹시 마법사님의 친구인가?'

그런 생각을 하자 또마는 식은땀이 났어요. 마법사는 목이 마른지 주머니에서 조그만 호리병을 꺼내 벌컥벌컥 마셨어요. 또마는 마법사가 다른 곳으로 가 버릴까 봐 조바심이 났어요.

"있잖아요. 정말 궁금해서 그러는데, 선거를 하지 않는 나라는 없는 건가요?"

물을 마시던 마법사가 생각에 잠긴 듯 먼 곳을 바라보았어요.

"글쎄다. 기억이 예전 같지 않아서 말이야. 가만있자 그 나라 이름이 뭐였더라. 브루까지는 생각이 나는데 그 다음은 영 떠오르지가 않는구나."

"아, 네. 나이를 먹으면 다 그런 거래요. 자연스러운 현상이죠. 저희 할머니도 자주 깜박깜박 하시는 걸요."

또마는 아무렇지도 않은 듯 말했어요.

"나이라? 그래! 바로 브루나이라는 나라지. 그 나라는 1962년 이후로는 현재까지 유일하게 선거를 하지 않는 나라란다."

마법사는 브루나이를 기억해 낸 것이 기뻤는지 어린아이처럼 폴짝거리며 뛰었어요. 또마는 어이가 없었어요. 아니나 다를까 키가 작은 마녀가 손가락으로 밖을 가리켰어요. 나가라는 뜻이었어요. 또마는 얼굴이 빨개졌어요.

뭐가 이렇게 복잡해?

공정한 선거를 위한 4대 원칙

민주주의의 꽃은 선거 아니겠어요? 하지만 아무리 들여다봐도 공정한 선거의 4대 원칙은 매우 헷갈려요.
그렇다면 귀를 쫑긋 세우고 꼬마 마녀들이 알려 주는 이야기를 들어 봐요!

> 보통 선거란? 이 뿌마가 가장 아끼는 거울을 통해 알려 줄게.
> 일정한 나이(대한민국은 만 19세)가 되면 누구나 선거를 할 수 있는 권리가 바로 보통 선거야. 만약 반 회장 선거에서 여자들만 투표를 한다면 남자들이 굉장히 화내겠지? 바로 그거야. 반 전체가 투표해야 하는 것! 그렇다면 보통 선거의 반대말은 뭘까? 누구는 할 수 있고 누구는 하지 못하게 제한을 두는 제한 선거야. 이를테면 아테네에서 노예나 외국인 그리고 여성에게 선거권을 주지 않았던 것처럼 말이야.

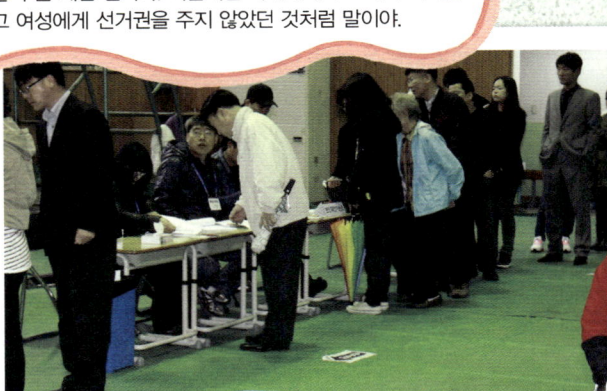

> 똑똑한 사람 하면 나, 또마지.
> 너희가 제일 헷갈려 하는 평등 선거를 알아볼까?
> '다 알아 백과사전'을 들춰 보면 말이야 평등 선거는 모두 공평하게 한 사람이 한 표씩 투표권을 가지는 것을 말해. 불평등 선거, 차등 선거라는 말은 이와 반대되는 말이야. 마법사님은 한 표, 마법사님 친구는 두 표를 준다고 생각해 봐. 평등 선거는 선거를 하는 사람이 모두 평등하게 같은 힘을 가지고 있다고 보면 돼.

3장에서 나올 빨간 점퍼 아줌마가 배탈이 났다고 나더러 대신 투표해 달라지 뭐야? 당연히 안 되겠지? 나는 마녀이기도 하고 나이도 어리잖아. 헤헤헤. 그러면 빨간 점퍼 아줌마 친구는 될까? 그것도 절대 안 되는 거야! 직접 선거는 다른 사람이 아닌 내가 직접 투표하는 것을 말해. 다른 사람의 손을 거치지 않아야 한다는 의미이니 명심해.

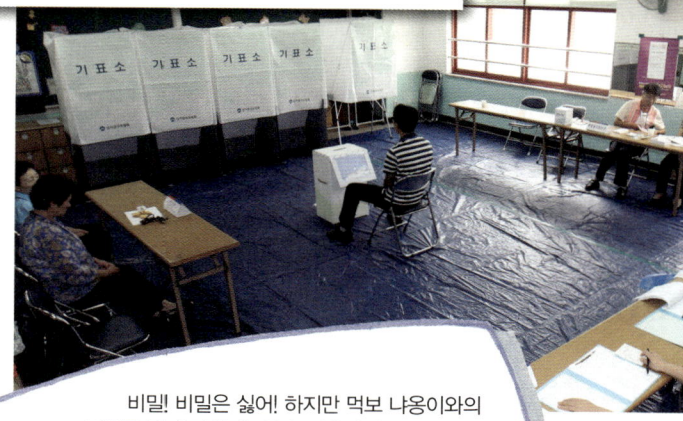

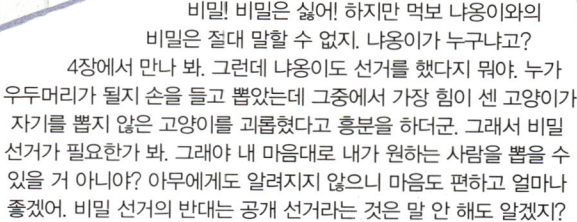

비밀! 비밀은 싫어! 하지만 먹보 냐옹이와의 비밀은 절대 말할 수 없지. 냐옹이가 누구냐고? 4장에서 만나 봐. 그런데 냐옹이도 선거를 했다지 뭐야. 누가 우두머리가 될지 손을 들고 뽑았는데 그중에서 가장 힘이 센 고양이가 자기를 뽑지 않은 고양이를 괴롭혔다고 흥분을 하더군. 그래서 비밀 선거가 필요한가 봐. 그래야 내 마음대로 내가 원하는 사람을 뽑을 수 있을 거 아니야? 아무에게도 알려지지 않으니 마음도 편하고 얼마나 좋겠어. 비밀 선거의 반대는 공개 선거라는 것은 말 안 해도 알겠지?

선거관리위원회, 참 쉬워요

밖으로 나온 또마는 팔짱을 낀 채 아무런 말도 하지 않았어요. 마법사가 미안한지 또마를 힐끔거리며 한마디 했어요.

"선거관리위원회라고 있는데 궁금하지 않니?"

또마는 못 들은 척 대꾸를 하지 않았어요. 하지만 궁금함이 꼬물거리며 올라왔어요. 마법사는 또마가 반응을 보이지 않자 발걸음을 떼려고 했어요.

"어디 가시려고요? 선거 이야기는 모두 해 주셔야죠. 백과사전도 그렇고 도서관에서도 쫓겨나고 책임을 지셔야죠!"

또마는 마법사의 옷깃을 잡아 당겼어요. 마법사는 헛기침을 했어요.

"우선 선거관리위원회가 무엇이냐 하면 말이지……."

"말 그대로 선거를 관리하는 곳 아닌가요?"

또마는 마법사의 말이 끝나기 무섭게 대답했어요. 표정에는 '이쯤이야' 하는 잘난 척이 살짝 묻어났어요.

"제법이구나. 그 외에도 공명선거 홍보를 하기도 하지. 공명선거란 깨끗하고 바른 선거를 말하는데, 특정한 후보자나 정당에 유리

중앙 선거관리위원회(경기도 과천)

하지 않고 불법 행위를 하지 않아야 올바른 선거라 할 수 있지."

허리를 톡톡 두드리던 마법사가 기지개를 폈어요. 또마도 덩달아 허리를 곧게 세웠어요.

"대한민국의 선거관리위원회는 네 단계로 구성이 되어 있단다. 중앙 선거관리위원회가 제일 위라면 그 밑으로 시·도, 구·시·군, 읍·면·동을 관리하는 선거관리위원회들로 나눠지지. 대통령, 국회 의원 등의 선거를 중앙 선거관리위원회에서 관리한다면, 시장 선거, 군수 선거 등 지방 자치 단체장의 선출을 그 아래의 선거관리위원회가 맡아서 한다고 생각하면 돼."

마법사는 갑자기 떨어진 나뭇가지를 주워 땅에다 끄적거렸어요. 또마의 눈길은 마법사가 그리는 대로 따라갔어요. 마법사는 또마가 이해하기 쉽게 표를 그리고 있었어요.

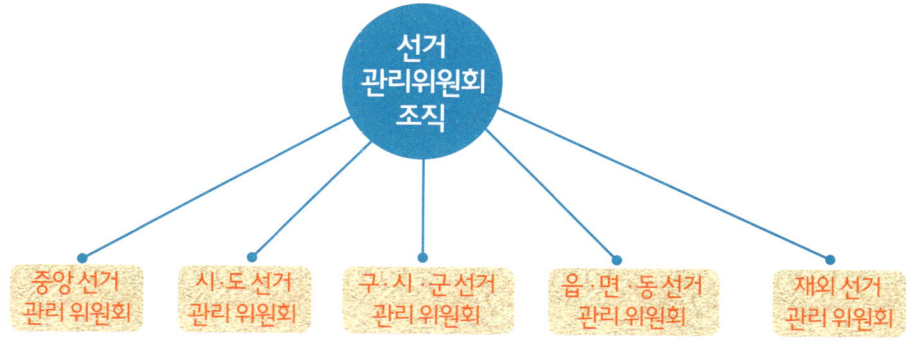

또마의 마법노트

선거 제도를 수출한다고?

우리나라의 우수한 선거 제도와 선거 문화를 배우기 위해 많은 나라에서 방문한다는 사실! 아마 잘 모르고 있었을 거예요. 개발 도상국에서는 우리나라를 모범적인 민주 국가라고 생각하고 있어요. 선거를 통해 올바르게 정치권력의 교체가 이루어지고 있거든요. 다른 나라의 선거 관리 위원들이 우리의 선거 문화를 배우려고 우리나라를 방문하는 일이 많아졌어요.

중앙 선거관리위원회의 '국제협력과'는 이러한 분위기 덕분에 생겨난 부서예요. 우리나라처럼 정치 발전과 경제 발전을 한꺼번에 이룬 나라는 드물어요. 그래서 우리나라를 찾는 외국의 선거 관리 위원들을 맞이하는 일이 중요한 업무가 되고 있어요.

국제협력과는 외국의 선거 자료를 수집하여 우리나라의 민주주의가 더욱 발전할 수 있도록 하고 있어요. 아시아 선거 관리 협의회와 같은 국제 기구에 참여하여 업무를 보기도 하고, 외국의 선거관리위원회와 원활한 교류를 진행하기도 한답니다. 외국에서 살고 있는 우리나라 시민들의 선거 업무도 담당해요.

또마의 눈이 휘둥그레졌어요.

"와, 말로 듣는 것보다 훨씬 쉬워요."

내키지는 않았지만 마음속으로 또마는 이미 긴 수염 할아버지를 똑똑한 마법사로 인정하고 있었어요. 하지만 들키고 싶지는 않았어요.

"자, 그럼 마무리를 할까? 오랜 시간 떠들었더니 배도 고프고 졸음도

선거를 알리는 홍보물
우리나라는 의무 투표제를 시행하고 있지 않기 때문에 시민들의 자발적인 투표가 중요하다. 선거관리위원회는 시민들의 선거 참여를 이끌어 내려고 다양한 아이디어를 쏟아 낸다. 한편, 보궐 선거(사진 속)는 대표자가 임기 중에 사망 혹은 자격을 잃거나 스스로 물러나 빈자리가 생겼을 때 이를 보충하기 위해 실시하는 임시 선거를 말한다.

밀려오는구나."

마법사는 입을 커다랗게 벌리고 하품을 했어요.

"한 가지만 더요. 선거를 어떻게 관리하는지 말은 해 주셔야죠."

또마는 볼에 바람을 가득 넣고 심통한 얼굴을 했어요.

"그 정도야 말해 줄 수 있지. 선거에는 대통령 선거뿐만 아니라 다양한 선거들이 있는데 그 모든 선거들을 공정하게 관리한다는 것은 앞에서 말했으니 알았을 테고. 선거에 나가는 후보자들의 후보 등록을 받고, 투표할 수 있는 투표소를 설치하는 것도 선거관리위원회가 할 일이야."

마법사는 숨이 찼는지 잠시 숨을 고르고 있었어요. 그러다 하품을 연달아 했어요. 또마는 마법사가 금방이라도 잠들어 버릴까 봐 걱정이 되었어요.

"또, 또 무슨 일을 해요?"

"투표한 후에 투표 결과를 알아보는 일도 하고, 후보자들이 부정한 일을 저지르지 않았는지 감시를 한단다. 돈을 주거나, 밥을 사 주면서 자신을 지지해 달라는 일은 선거법을 어기는 행동이지. 다른 후보자를 이유 없이 헐뜯는 일도 꼭 살펴봐야 하는 중요한 일이야."

또마는 꼼꼼히 적어 나갔어요. 그때 또마의 귓가에 휘파람 소리가 들렸어요. 또마는 고개를 들어 마법사를 바라보았어요. 어느새 마법사는 빗자루에 올라 타 있었어요.

"또마야! 마지막으로 중앙 선거관리위원회는 독립적인 국가 기관이란

선거관리위원회 마스코트

투표하러 가는 모습(3인조 5인조 투표)　　　3·15 부정 선거 당시 투표 용지

1960년 3월 15일 대통령·부통령 선거에서 자유당(당시 집권 정당)은 온갖 불법을 저질렀다. 3명 혹은 5명씩 묶어 공개로 투표하도록 하고, 선거일 이전에 미리 투표를 한 뒤 선거함에 넣어 두기도 했다. 심지어 투표함을 바꿔치기도 했고, 대리 투표도 일삼았다. 투표 용지(오른쪽 사진)를 보면 작대기가 그려진 것이 보일 것이다. 그 당시에는 글자를 아는 사람들이 드물어 후보자 이름 위에 작대기를 표시하였다. 그래서 후보자들은 이름 대신 작대기 개수로('작대기 두 개를 찍어 주세요.') 자신을 알렸다고 한다. 그 후 불법 선거를 막기 위해 독립적인 국가 기관을 설치하였는데 그것이 오늘날의 중앙 선거관리위원회이다.

다. 1963년 1월 21일에 만들어졌지. 더 궁금한 것은 네가 알아보도록 해라. 그럼, 다음에 보자꾸나."

마법사는 윙크를 하더니 바람처럼 사라졌어요. 또마는 마법사가 사라진 자리만 멍하니 쳐다보았어요.

'내 이름을 어떻게 알았지? 내가 알려 주었던가?'

또마는 머릿속이 뒤죽박죽인 채로 도서관을 향해 발걸음을 옮겼어요.

선거구와 게리맨더링

선거구란 대표를 뽑는 지역 단위를 말한다. 우리나라는 가장 많은 표를 받은 한 사람을 당선자로 결정하기 때문에 선거구의 개수만큼 지역을 대표하는 국회 의원의 수가 정해진다. 선거구를 정할 때는 인구, 생활 구역, 교통, 지형, 사회적인 요소 등을 최대한 고려하여 확정한다. 선거구에 따라 어떤 정당에 유리할 수도 불리할 수도 있기 때문에 선거구를 정하는 것은 쉬운 일이 아니다.

2008년 제18대 국회 의원의 선거구는 전국에 245개였다. 이에 따라 지역을 대표하는 245명의 국회 의원이 선출됐다. 그런데 실제로 국회로 출근하는 국회 의원의 수는 299명이었다. 나머지 54명은 하늘에서 뚝 떨어진 걸까?
우리나라의 국회 의원은 지역 대표 의원과 비례 대표 의원으로 구성된다. 299명 중 245명은 지역 대표이고, 54명은 비례 대표였다. 비례 대표 의원은 지역 선거구와 달리 정당별로 얻는 득표수를 비율로 따져 당선자를 결정한다. 가령 A정당이 50%에 해당하는 표를 얻었다면, 54명 중 27명을 A정당의 비례 대표 의원으로 확보하게 되는 것이다. 2012년 제19대 국회 의원의 수는 선거구 조정 및 여러 이유로 지역 대표가 1명이 더 늘어 총 300명이 되었고, 2020년 제21대 국회 의원 총 수는 변함없지만 253명이 지역 대표이고, 47명은 비례 대표이다.

선거구는 법률에 따라 정해지는데, 이를 선거구 법정주의라고 한다. 선거구를 마음대로 바꾸지 못하게 하기 위함이다. 1812년 미국 매사추세츠 주지사였던 엘브리지 게리는 자기가 속해 있던 정당에 유리하도록 선거구를 나누었다. 그 모양이 도마뱀 Salamander과 닮았는데, 당시 사람들은 '게리'와 '샐러맨더'를 합쳐 게리맨더 Gerrymander

라 불렀다. 이렇게 어느 한 정당에 유리하도록 부당하게 선거구를 정하는 것을 '게리맨더링'이라고 한다.

우리나라에서도 이와 비슷한 일이 있었다. 충청북도 옥천군과 보은군 그리고 영동군은 인구수로 인해 하나의 선거구로 묶여 있다. 옥천군만 분리시키고 보은군과 떨어져 있는 영동군을 보은군과 묶어 단일 선거구로 만든 적이 있었다. 하지만 법원은 해당 지역의 선거구 조정이 잘못된 결정이라는 판결을 내렸고, 다시 하나의 선거구로 조정되었다.

게리맨더링

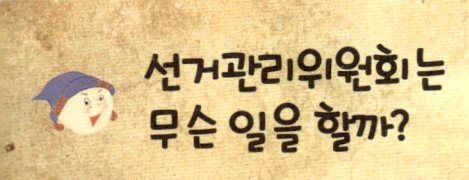

선거관리위원회는 무슨 일을 할까?

꼬마 기자단이 선거관리위원회를 찾아가려고 해요.
헉! 그런데 문이 닫혔어요.
선거관리위원회에서 무슨 일을 하는지 어떻게
알아내지요? 끙끙, 사다리를 타고 한번 알아볼까요?

| 후보자 등록을 받아요. | 투표 후 개표 결과를 알아봐요. | 메롱! 약 오르지? | 불법 선거 운동을 감시해요. | 당장 집으로 돌아가, 꼬마야! |

소중한 한 표를 잡아라!

빗자루에 대롱대롱 매달린 채 날아가던 똥마가 쿵 하고 떨어진 이유는 젤리 때문이었어요. 젤리 하나를 더 먹겠다고 잡고 있던 빗자루를 놓아 버렸거든요. 떨어진 똥마를 좀 보세요. 똥마는 눈물이 찔끔 나왔지만 젤리가 입에 들어가자 금세 좋아 죽겠다는 표정을 지었어요. 똥마가 갑자기 코를 킁킁거렸어요. 어디선가 빵 굽는 냄새가 솔솔 풍겨 왔거든요.

"으음, 맛있는 냄새! 아, 배고파."

똥마의 배 속에서 꼬르륵 소리가 요란했어요. 똥마는 주위를 둘러봤어요. 낯선 곳으로 보아 인간 세상이 틀림없었어요. 똥마는 벽을 잡고 뒤뚱거리며 일어섰어요.

"엥, 사람들 얼굴을 죄다 벽에다 붙여 놨네."

정말 그랬어요. 1번부터 10번까지 번호대로 사람들의 사진이 붙여져 있었어요. 자세히 보니 벽보에는 'ㅇㅇ당', '◇◇당', 'ㅁㅁ당'이 적혀 있었어요.

"빵 가게 이름인가? 주인들 얼굴이 다 좋아 보이네. 특히 3번 아저씨는 얼굴이 토실토실해. 나처럼 먹는 걸 좋아하나 봐. 크흐흐."

똥마는 빵 굽는 냄새를 풍기는 '아리당'이라는 빵집을 번갈아 보면서 말했어요. 빵집을 기웃거리던 똥마는 입맛을 다시며 발길을 돌렸어요. 얼마쯤 걸어가자 길거리에서 시끄러운 소리가 들렸어요. 사람들이 모여

서 웅성거리고 있었어요.

"기호 3번 한정직입니다. 떳떳한 시장, 시민의 발이 되는 시장이 되어 여러분이 살기 좋은 도시로 만들겠습니다."

똥마는 연설을 하고 있는 아저씨를 보자 반가웠어요. 벽보에서 보았던 3번 아저씨였거든요. 연설을 끝낸 3번 아저씨가 내려와 사람들과 일일이 악수를 했어요. 똥마도 사람들 틈을 비집고 들어가 손을 내밀었어요.

"아저씨 알아요. 3번이죠? 저는 아저씨가 마음에 들어요."

"오호! 나를 지지해 주다니 힘이 나는구나."

아저씨와 뚱마가 악수를 하자 주위에 있던 사람들이 환호를 하면서 '한 정직'을 외쳤어요. 뚱마는 아저씨를 따라 헤벌쭉 웃었어요. 그런데 3번 아저씨 말고도 다른 번호를 흔들며 달려가는 차들이 보였어요. 뚱마는 빨간 점퍼를 입은 아줌마를 붙잡고 물었어요.

"저 번호들은 다 뭐예요? 숫자는 보기만 해도 으윽."

"호호호. 나도 그래. 수학은 생각만 해도 머리가 아파. 지금은 시장 선거가 코앞이라 후보자들이 선거 운동을 하는 거란다."

선거 운동이라는 말에 뚱마는 깜짝 놀랐어요. 그렇지 않아도 선거에 대해 알아보려고 이리저리 돌아다니는 것이 귀찮았거든요. 3번 아저씨만 따라다니면 뭔가를 알게 될 것 같았어요. 그런데 뚱마가 한눈을 파는 사이에 3번 아저씨를 태운 차가 사라지고 없었어요.

"쳇, 그새를 못 참고 어디를 간 거야?"

뚱마는 꼬르륵거리는 배를 안고 3번 아저씨를 찾아 나섰어요. 저녁이 되어서야 뚱마는 겨우 3번 아저씨를 태운 차를 찾았어요. 하지만 3번 아저씨는 없었어요. 대신 낮에 봤던 빨간 점퍼 아줌마가 사무실 문을 닫으며 나왔어요.

"어머, 넌 아까 악수를 하던 아이 아니니? 그런데 여긴 무슨 일이야?"

아줌마는 어깨를 으쓱거렸어요. 뚱마는 말할 힘도 없어 풀썩 주저앉어요.

"배고파요! 흐흐흑."

뚱마는 엉엉 소리 내어 울었어요. 아줌마는 사무실로 뚱마를 데려갔어요. 뚱마는 아줌마가 내민 김밥을 단숨에 먹어 치웠어요.

"아줌마, 여긴 어디예요?"

트림을 하면서 뚱마가 물었어요.

"여긴 기호 3번 한정직 후보의 사무실이야. 아까도 말했지만 시장 선거가 얼마 남지 않았거든."

벽 한쪽에는 3번 아저씨의 일정이 빡빡하게 적혀 있었어요.

"아줌마는 무슨 일을 하시는데요?"

"음, 한정직 후보가 시장이 될 수 있도록 여러 가지를 도와주고 있어. 나뿐만 아니라 한정직 후보를 지지하는 많은 사람이 도와주고 있지."

또마는 목이 메어 물을 마셨어요.

"후보에는 아무나 나갈 수 있는 거예요?"

"아무나라니! 만 25세 이상이 되어야 하고, 큰 죄를 지어 벌을 받은 일도 없어야 해. 그리고 우리나라에 오래 살았어도 외국인에게는 자격이 주어지지 않아. 참, 대통령 후보는 만으로 40살 이상으로 정해져 있어."

아줌마는 계속 입맛을 다시는 뚱마를 위해 과자와 빵을 내밀었어요. 뚱마는 빵을 보자 벽보 생각이 났어요. ○○당이 정말 빵 가게 이름인지 궁금했거든요.

"벽보에 어쩌고저쩌고 '당'으로 끝나는 것이 많던데 그거 다 빵 가게 이름이에요?"

"뭐? 빵이라고? 아니야. 그런 걸 정당이라고 해. 정당이란 정치적으로 뜻을 같이하는 사람들이 만든 단체를 말해. 한정직 후보는 살림당의 추천을 받았어. 이걸 공천이라고 하는데, 살림당에서 지지하는 후보가 되었다는 말이야. 물론 당이 없이 나오는 후보도 있는데 그럴 땐 무소속 후보라고 부른단다."

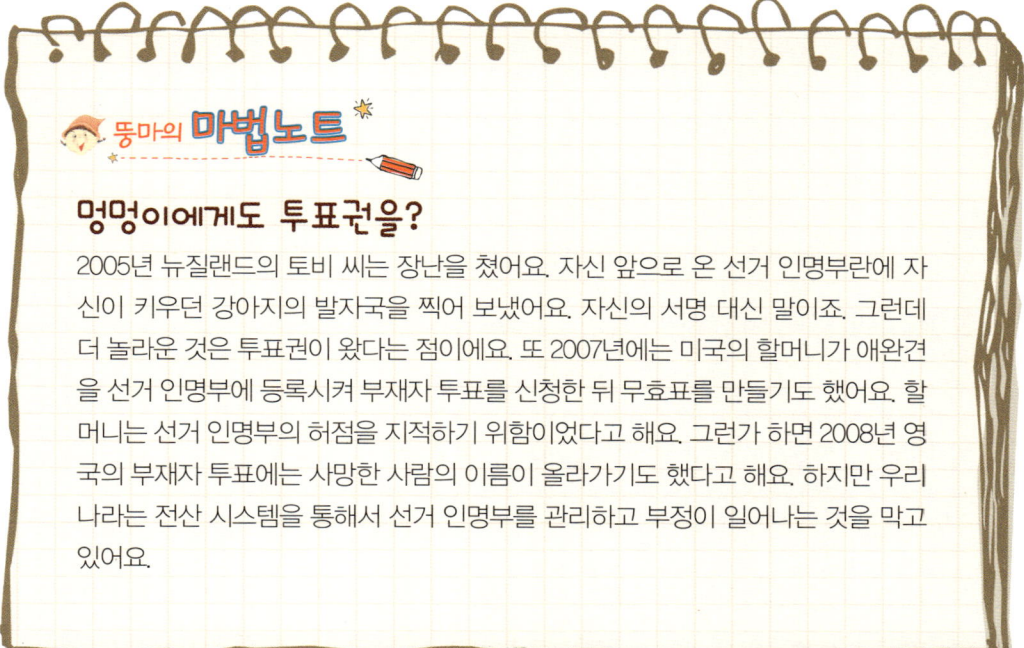

멍멍이에게도 투표권을?

2005년 뉴질랜드의 토비 씨는 장난을 쳤어요. 자신 앞으로 온 선거 인명부란에 자신이 키우던 강아지의 발자국을 찍어 보냈어요. 자신의 서명 대신 말이죠. 그런데 더 놀라운 것은 투표권이 왔다는 점이에요. 또 2007년에는 미국의 할머니가 애완견을 선거 인명부에 등록시켜 부재자 투표를 신청한 뒤 무효표를 만들기도 했어요. 할머니는 선거 인명부의 허점을 지적하기 위함이었다고 해요. 그런가 하면 2008년 영국의 부재자 투표에는 사망한 사람의 이름이 올라가기도 했다고 해요. 하지만 우리나라는 전산 시스템을 통해서 선거 인명부를 관리하고 부정이 일어나는 것을 막고 있어요.

뚱마는 잘 이해되지 않았지만 고개를 끄덕였어요.

"혹시 말이야, 학교 숙제가 선거를 알아보는 거니?"

숙제라는 말에 뚱마는 딸꾹질을 했어요.

"네, 맞아요. 수…… 숙제 때문에 따라온 거예요. 딸꾹."

아줌마의 눈길을 피해 뚱마는 과자를 입에 마구 쑤셔 넣었어요. 아줌마는 그런 뚱마를 물끄러미 바라보았어요. 그러고는 뚱마 곁으로 다가와 뚱마의 어깨를 토닥여 주었어요.

"미래의 유권자 선거할 권리를 가진 사람를 위해 선거는 어떻게 진행이 되는지 말해 줄까? 자, 여기다 적어. 말로만 들어서는 금방 잊어버리니까."

아줌마는 종이와 연필을 건네며 미소를 지었어요. 뚱마는 배가 불러서 자고만 싶었지요.

"먼저 선거 인명부를 작성해. 말이 좀 어렵지? 선거 인명부는 투표를 할 수 있는 권리를 가진 사람들의 이름을 적어 놓은 것을 말해. 투표를 할 때 본인인지 아닌지 확인할 때 쓰인단다. 그다음은 후보자 등록을 받게 되지. 후보자 등록을 하면 선거관리위원회에서 후보자가 해당 자격이 되는지 확인을 하고, 그다음에는……."

뚱마는 이제 거의 눈을 감다시피 하고 있었어요. 아줌마의 목소리가 자장가처럼 들렸어요. 뚱마는 숲 속으로 가서 편안하게 자고 싶었어요. 뚱마는 졸음을 참으며 머리를 요리조리 굴렸어요. 그러고는 갑자기 책

상에 엎드렸어요.

"아이고 배야, 화장실! 급해요, 급해!"

똥마는 다리를 비비 꼬았어요. 아줌마는 놀라서 손가락으로 화장실을 가리켰어요. 똥마는 사무실에서 나오자마자 발이 보이지 않을 만큼 잽싸게 도망을 쳤어요. 잠시 후 조금 떨어진 숲 속에서는 똥마의 코고는 소리가 울려 퍼졌어요.

선거 반칙! 나 지금 떨고 있니?

아침이 되었어요. 뚱마는 배가 고파 눈을 부스스 떴어요. 그때 어디선가 노랫소리가 들렸어요. 뚱마는 노랫소리에 맞춰 몸을 좌우로 흔들었어요. 그런데 가사가 이상했어요. 어제 만난 3번 '한정직' 아저씨 이름이 계속 나왔거든요. 뚱마는 노랫소리가 들리는 곳으로 달려갔어요. 지하철역은 출근하는 사람들로 북적였어요. 그 앞에서 어깨에 띠를 두른 사람들이 한 줄로 서서 기호 3번을 외치며 노래에 맞춰 손가락을 흔들고 있었어요.

"어제 〈100번 TV 토론〉에 한정직 나온 거 봤어? 기호 2번보다 공약이 구체적이고 현실적이더라고. 아주 좋아!"

"그래, 나도 봤어."

지나가는 시민들이 속닥거렸어요.

"선거 운동은 진짜 힘들겠다. 나는 시켜줘도 안 할 거야."

뚱마는 코를 찡그리며 한 발 뒤로 물러났어요. 뒤로 물러나던 뚱마는 사람들이 우르르 어디론가 몰려가는 모습을 보았어요. 뚱마는 사람들이 어디로 가는지 궁금해서 따라갔어요. 뚱마가 따라간 곳은 식당이었어요.

"쉿, 여러분 맛있게 드십시오. 많이들 드시고, 브이(V) 아시죠? 2번 부

제19대 국회 의원 선거 부정 감시단 발대식

탁 드립니다. 누가 물어보면 절대 말하면 안 되는 겁니다."

양복을 입은 아저씨가 흰 봉투를 하나씩 돌렸어요. 뚱마와 눈이 마주치자 아저씨는 봉투를 내밀던 손을 슬그머니 주머니에 넣었어요. 사람들은 걱정 말라며 차려진 음식을 맛있게 먹었어요. 뚱마도 덩달아 배를 두드리며 실컷 먹었어요.

"꺼억, 배부르다. 3번보다는 2번 아저씨가 더 좋은걸. 히히히!"

뚱마는 2번 아저씨를 기다렸다가 따라갔어요. 2번 아저씨도 사람들을 찾아가 2번을 뽑아 달라며 손을 꽉 잡았어요.

"저는 매우 성실하고 정직한 사람입니다. 하지만 기호 3번은 거짓말과 부정 행위를 일삼는 사람으로서 그런 사람은 절대 시장이 되어서는 안 됩니다."

2번 아저씨는 3번 아저씨를 헐뜯고 있었어요. 듣고 있던 뚱마는 3번 아저씨가 생각났어요.

"이상하네. 3번 아저씨는 누구를 욕하거나 그러지 않던데."

뚱마는 왠지 2번 아저씨보다 3번 아저씨가 더 좋은 사람일 거란 생각이 들었어요. 그때 뚱마의 눈에 현수막이 들어왔어요. 뚱마는 현수막에 적혀 있는 것을 자세히 살펴보았어요.

"주지도 받지도 맙시다! 금품, 음식물 받으면 과태료 최고 3000만 원?"

뚱마는 고개를 저으며 다시 한 번 현수막을 쳐다보았어요. 그때 낯익

은 목소리가 들렸어요.

"부정 선거를 막기 위한 거야. 후보자는 유권자에게, 유권자는 후보자에게 돈이든, 물건이든, 음식이든 그 어떤 것도 주거나 받아서는 안 돼. 그건 부정 선거의 시작이지. 만약 그런 일이 발견되면 시장이 되더라도 무효가 된단다. 후보자가 다른 후보자를 헐뜯고 비방하는 것도 물론 안 되는 거야."

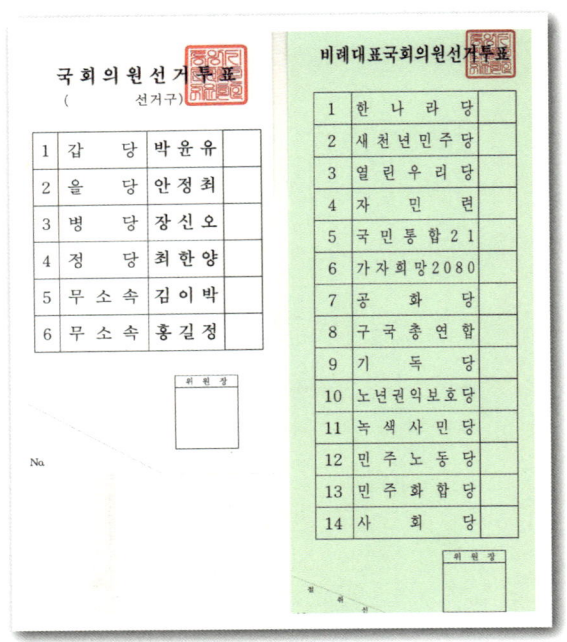

제17대 국회 의원 투표 용지
왼쪽의 흰색 용지가 후보자 투표용, 오른쪽 연두색이 정당 투표용이다.

빨간 점퍼를 입은 아줌마가 싱긋 웃고 있었어요. 기호 3번 아저씨가 막 연설을 시작했어요.

"오늘은 선거 운동을 하는 마지막 날이야. 내일 아침 사무실로 올래? 투표하는 것도 보고, 후보자 인터뷰도 해 보면 숙제하는 데 도움이 될 거야."

뚱마는 대답 대신 고개를 끄덕였어요. 기호 2번 아저씨에 대한 이야기를 하려다 꾹 참았어요. 뚱마는 밥을 얻어 먹은 일이 창피해서 얼굴만 붉혔어요.

투표야, 기다려라!

뚱마는 어느 때보다 일찍 일어나서 사무실로 갔어요. 빨간 점퍼를 입은 아줌마는 밖에서 뚱마를 기다리고 있었지요.

"기다리고 있었어. 자, 그럼 투표하러 갈까?"

아줌마는 가까운 초등학교로 들어갔어요.

"투표를 할 때는 내가 어느 구역에 해당되는지, 어느 투표소에서 하는지 확인해야 해. 그리고 신분증을 챙기는 걸 잊지 않아야 해. 그래야 선거 인명부에서 쉽게 확인을 할 수 있거든."

아줌마는 신분증을 보여 주고 기표소 안으로 들어갔어요. 아줌마 뒤로 사람들이 줄을 서서 차례대로 투표를 했어요.

"이제 결과만 기다리면 돼. 선거가 끝나면 투표함들을 모두 모아서 개표를 시작할 거야. 표를 가장 많이 받은 후보가 시장이 되겠지."

아줌마는 흐뭇한 표정을 지었어요. 뚱마는 고개를 쭉 빼고 투표소 안을 구경했어요. 그사이 아줌마는 아는 사람을 만났는지 인사를 하느라 바빴어요. 뚱마는 조용히 투표소를 나와 숲 속으로 갔어요. 낮잠을 잘 생각이었지요.

"음냐, 음냐. 엄마, 많이 주세요. 아주 많이요."

뚱마는 어느새 잠이 들었는지 잠꼬대를 했어요. 하늘에는 별들이 초롱초롱 빛나고 있었어요. 뚱마는 닭다리를 잡으려고 손을 허우적거리다가 잠이 깼어요.

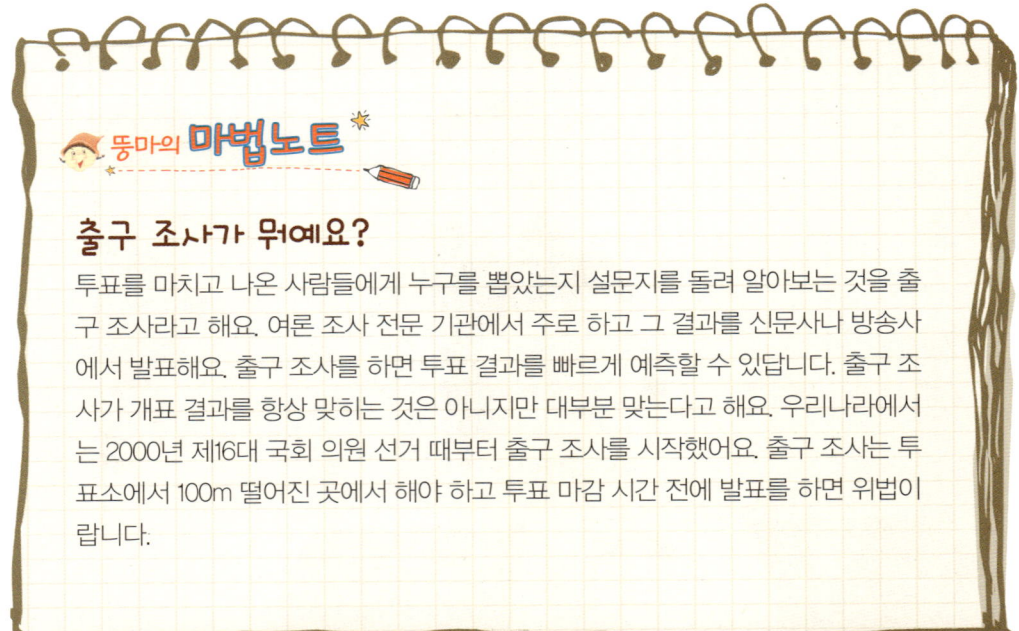

출구 조사가 뭐예요?

투표를 마치고 나온 사람들에게 누구를 뽑았는지 설문지를 돌려 알아보는 것을 출구 조사라고 해요. 여론 조사 전문 기관에서 주로 하고 그 결과를 신문사나 방송사에서 발표해요. 출구 조사를 하면 투표 결과를 빠르게 예측할 수 있답니다. 출구 조사가 개표 결과를 항상 맞히는 것은 아니지만 대부분 맞는다고 해요. 우리나라에서는 2000년 제16대 국회 의원 선거 때부터 출구 조사를 시작했어요. 출구 조사는 투표소에서 100m 떨어진 곳에서 해야 하고 투표 마감 시간 전에 발표를 하면 위법이랍니다.

"에잇, 언제까지 기다려. 집으로 돌아갈 테야."

빗자루에 올라탄 똥마는 떨어지지 않으려고 꽉 잡았어요. 그래도 아줌마한테는 인사를 하고 가야 할 것 같았어요. 똥마가 사무실 가까이 가자 환호성이 들렸어요.

"한정직 만세! 살림당 만세!"

똥마는 자기도 모르게 마음이 편안해졌어요. 집으로 돌아가는 똥마의 배가 어김없이 꼬르륵거렸어요. 똥마를 태운 빗자루는 쏜살같이 날아갔어요.

민주주의의 꽃 선거
유권자의 한 표가 민주 정치를 발전시키는 밑거름이 된다

과학적 통계로 보는 여론의 재미

우리나라 신문이나 방송은 각종 선거를 앞두고 후보자들의 지지율 조사 결과를 앞다퉈 발표한다. 후보자들은 여론 조사 결과를 바탕으로 선거 전략을 짜고, 유권자 투표할 수 있는 사람 역시 어느 후보를 뽑을지 미리 마음을 정하기도 한다. 그렇다면 여론 조사는 충분히 믿을 만할까? 여론 조사가 이뤄지는 과정을 알고 결과를 분석할 수 있다면 마치 규칙을 알고 스포츠 경기를 관람하는 것처럼 흥미로울지 모른다.

선거의 여론 조사는 통계의 한 분야인 '표본 조사'를 활용한다. 표본은 본보기로 삼을 만한 것을 말하는데, 일부의 표본만으로 전체 유권자의 특성을 알아낼 수 있다. 국의 간을 맞출 때 국을 전부 먹어 보는 대신 한두 숟가락만 떠먹어 보면 전체의 맛을 알 수 있는 것과 비슷하다. 더 지혜로운 사람이라면 국을 맛보기 전에 국자로 휘저어 골고루 섞이게 하여 한 숟가락을 맛볼 것이다. 즉 표본을 고를 때 전체를 가장 잘 대표할 수 있어야 한다.

그러나 표본 조사에는 어쩔 수 없이 오차 실제로 측정한 값과 예측한 값의 차이가 생긴다. 어떤 집단이 표본에 포함되느냐에 따라 결과가 달라질 수도 있다. 정확하지 않은 표본 설정이나 조사원의 부주의 등으로 발생하기도 한다. 그래서 방송이나 신문에서는 표본을 선택한 방법, 신뢰 수준, 오차 범위도 함께 발표한다. 예컨대 '95% 신뢰 수준, 오차 범위±2%'는 '표본 조사 결과에서 오차가 2%를 초과하는 경우가 100번 중 5번 정도 생길 수 있다'는 의미이다.

1936년 미국에서는 대통령 선거를 놓고 예측이 분분했다. 시사 주간지 ≪리터러리 다이제스트≫는 사상 최대 규모인 1000만 명에게 설문 조사를 해 공화당의 후보였던 알프 랜든의 승리를 예상했다. 그러나 시장 조사 전문가였던 조지 갤럽은 5만 명의 표본 조사만으로 민주당의 후보 프랭클린 루스벨트의 당선을 예측했다.

결과는 갤럽의 승리! 비밀은 표본 추출에 있었다. ≪리터러리 다이제스트≫가 잡지 구독자와 자동차 등록부, 전화번호부에서 표본을 대충 골라 조사한 것과 달리 갤럽은 전체 인구에서 무작위로 유권자를 선정했다. 잡지를 정기 구독하거나 전화기조차 살 여유가 없었던 사람들은 ≪리터러리 다이제스트≫의 조사 대상에서 제외됐던 것이다. 게다가 설문 방식이 우편 조사였기 때문에 응답률은 20%에 불과했다.

이 사건을 계기로 표본 조사의 유용성이 널리 알려지기 시작해 요즘은 2000명 정도로도 정확한 예측을 할 수 있다. 우리나라의 경우 역대 대통령 선거에서는 적중률이 높았지만 국회 의원을 뽑는 총선에서는 종종 여러 이유로 문제점들이 나타났다.

여론 조사는 과학적인 표본 추출을 통해 수많은 생각을 질서 정연한 숫자로 보여 준다. 다가오는 여러 선거에서도 여론 조사의 예측력이 용한 점쟁이를 누르며 '통계의 예술'을 보여 줄 것이다.

여론 조사 모습

부정 선거를 막아라!

오늘은 반 회장 선거가 있는 날!
친구들은 사회 시간에 배운 선거에 대해 가장 잘 알고 있는 후보를 반 회장으로 뽑겠다고 해요. 그동안 공부한 내용을 가지고 퀴즈를 풀어 봐요.

Q1 왕이나 귀족들이 나라를 다스리는 것이 아니라 많은 사람이 직접 참여하는 정치 형태를 가리키는 말은 무엇일까요?

Q2 고대 그리스의 아테네에서 독재자가 될 것 같은 사람의 이름을 도자기 파편에 적어 내도록 한 비밀 투표로 6000표 이상 나오면 국외로 추방한 제도는 무엇일까요?

Q3 선거의 4대 원칙 중 일정한 나이가 되면 누구나 선거를 할 수 있는 것은 무엇일까요?

Q4 선거의 공정한 관리 및 정당에 관한 여러 업무를 관리하기 위하여 설치한 국가 기관은 무엇일까요?

Q5 정치적으로 뜻을 같이하는 사람들이 만든 단체를 가리키는 말은 무엇일까요?

정답: 1. 민주주의 2. 도편 추방제 3. 보통 선거 4. 중앙 선거 관리 위원회 5. 정당

4장
달라도 너무 달라!

왕은 있으나 통치하지 않는다?

"가위바위보만큼 쉬운 게 어디 있어? 아무튼 어려운 것은 딱 질색이라니깐."

투마는 볼을 실룩거리며 날아가던 빗자루를 돌려 집으로 돌아갔어요. 투마는 문을 쾅 닫고 들어갔어요. 투덜거리는 소리가 집 밖에서도 들렸어요. 오후의 햇살만이 집 안을 조용히 기웃거렸어요.

"눈부신 햇살도 싫어!"

투마는 거칠게 커튼을 쳤어요. 팔짱을 끼고 의자에 앉은 투마는 선거에 대해서 알아볼 마음이 눈곱만큼도 없었어요.

"누가 대장이 되던 그게 나랑 무슨 상관이야. 흥!"

"가만 가만…… 아니지. 다른 마녀가 대장이 되는 건 더 싫어!"

투마는 벌떡 일어나더니 거실을 한 바퀴 돌았어요. 그때 투마의 머릿속에 반짝하고 떠오르는 것이 있었어요. 바로 할머니 방에 있는 수정 구슬이었어요. 낮인데도 할머니 방은 어두컴컴하고 조용했어요. 투마는 눈을 가늘게 뜨고 두리번거렸어요. 방 한쪽 구석에 무언가가 까만 벨벳 천으로 덮여 있었어요. 투마는 침을 꼴깍 삼켰어요. 천천히 벨벳 천을 벗기는 투마의 입술이 바짝 말라 갔어요.

"우아!"

눈앞에 나타난 수정 구슬은 어둠 속에서 빛을 내뿜고 있었어요.

"대단해! 난 언제쯤 이런 걸 갖게 되는 걸까?"

수정 구슬은 마법 학교를 졸업하고 시험을 통과해야만 가질 수 있는 아주 특별한 것이었어요. 멀리서만 봤던 수정 구슬을 가까이 보게 된 투마의 눈은 신비함으로 가득 찼어요.

"이제 끝났어. 수정 구슬 하나면 대장이고 뭐고 다 나의 것이야. 크크크! 다른 건 다 필요 없고, 선거에 대해서 말해 봐, 어서!"

하지만 수정 구슬은 아무런

대답이 없었어요.

투마는 고개를 갸웃거렸어요.

"이게 아닌가? 그럼, 음……. 에잇, 뭐가 이렇게 어려워! 선거에 대해서 말하란 말이야!"

투마는 손가락 끝으로 수정 구슬을 눌러 보았어요. 손가락이 쑥 수정 구슬 속으로 빨려 들어갔어요. 투마는 깜짝 놀라 손가락을 얼른 뺐어요. 그러자 수정 구슬은 조금 전과는 비교도 안 될 만큼 밝은 빛을 내기 시작했어요. 투마는 눈이 부셔서 똑바로 바라볼 수조차 없었어요. 수정 구슬은 어딘가를 보여 주고 있었어요. 투마는 얼굴을 찡그리며 수정 구슬 가까이 다가갔어요.

"이게 뭐야?"

수정 구슬은 어느새 지구본을 닮아 있었어요. 투마는 숲 속에서 어떤 아이가 떨어뜨리고 간 지구본이 생각났어요.

수정 구슬은 빙그르르 돌더니 그림책처럼 첫 페이지를 펼쳤어요. 그러자 지금 막 결혼을 한 신부와 신랑이 건물에서 나왔어요. 사람들은 너도나도 축하를 해 주었어요. 화려하고 웅장한 그곳은 아름다운 성 같았어요. 수정 구슬은 '세인트 폴 성당'이라고 알려 주었어요. 그러고는 지구본을 돌려 영국을 보여 주었어요.

영국 세인트 폴 성당
많은 역사적 사건과 국가 행사의 배경이 된 건축물로 고 다이애나 왕세자비와 찰스 왕세자의 결혼식이 거행된 곳으로 유명하다.

- 영국은 입헌 군주제와 의원 내각제가 함께 이루어지고 있음. 국왕이 따로 있고 총리가 내각을 구성해서 나라를 다스림.
- 입헌 군주제는 헌법 체계 아래에서 세습되어 내려온 군주를 인정하는 정부의 형태임.
- 21세 이상 영국의 모든 시민은 의원 후보로 나갈 수 있고 다수의 표를 얻은 사람이 당선됨.
- 총선은 5년에 한 번씩 하고, 의회는 국가에 대한 봉사 활동을 인정 받아 임명된 상원과 시민들이 직접 뽑는 하원으로 구성됨. 하원이 가장 강력한 권한을 갖고 있음.

"오호라, 영국의 선거를 보여 주고 싶은 거로군."

투마는 할머니의 의자를 당겨서 앉았어요.

"근데, 이게 다 무슨 뜻이야? 알아 듣게 말을 해 주든지."

투마는 퉁퉁거리며 의자를 돌렸어요. 그때 날카로운 목소리가 들려왔어요.

"수정 구슬은 말을 하지 못해. 그것도 몰랐어?"

영국의 국회 의사당

영국 런던의 테임스 강변에 있으며, 세계 최초로 의회 민주주의가 발달되었음을 보여 주는 상징물이다. 원래는 1050년부터 약 15년 동안 건설된 웨스트민스터 궁전으로 16세기부터 의회가 열린 곳이었다. 19세기 초에 화재로 궁전 대부분이 불타 버리고 다시 공사를 하여 현재의 국회 의사당을 건설하였다.
국회 의사당 북쪽 끝 탑에 있는 대형 시계는 빅벤으로 불리며 우리나라의 보신각 종처럼 새해를 알리는 1월 1일에 영국인들의 주목을 받는다.

투마는 눈이 휘둥그레졌어요. 어디선가 고양이 한 마리가 느닷없이 어슬렁거리며 나타나 투마 곁으로 다가왔어요. 자세히 보니 할머니가 키우는 '냐옹이'였어요. 냐옹이는 오늘따라 눈빛이 더 예리하게 빛나 보였어요. 언제부터 냐옹이가 말을 하게 되었는지 투마는 의아해 했어요.

"수정 구슬을 만졌다는 사실은 할머니한테는 비밀로 해 줄 테니

매일 생선 한 마리씩 나한테 넘겨. 어때, 괜찮지?"

냐옹이는 매우 뚱뚱해서 다이어트를 하고 있는 중이었어요. 그래서 먹을 것을 마음대로 먹지 못했어요. 투마의 대답도 듣지 않

일본의 국회 의사당
일본 도쿄에 있는 '정치 1번가'라 불리는 나가타초 1번지에 있다. 1936년부터 사용되어 오늘날에는 도쿄를 대표하는 관광 명소로 관광객이 많이 찾고 있다.

고 냐옹이는 재빨리 수정 구슬을 돌렸어요. 투마가 마음이 급하다는 걸 알고 있는 눈치였어요. 수정 구슬은 일본이라는 나라에서 멈추었어요.

"이곳은 바로 대한민국과 아주 가까운 일본이라는 나라야. 영국과 마찬가지로 왕이 있고 총리가 있지. 영국의 국회가 상원과 하원으로 나뉘어진다면 일본은 중의원과 참의원으로 나뉘어. 참의원 선거는 '자서식 투표'라는 방법을 쓴다고 해. 대한민국도 재외 동포 선거에서는 자서식 투표를 한다던데? 참, 자서식 투표 방법에 대해서는 네가 알아보도록 해. 공짜는 몸에 해롭거든. 크크"

냐옹이는 실실 웃었어요. 투마는 그런 냐옹이가 아주 얄미웠어요. 하지만 수정 구슬이 보여 주는 벚꽃은 참 예쁘다는 생각이 들었어요.

"말레이시아, 네덜란드, 덴마크, 모나코! 이 네 나라의 공통점이 무엇일까? 맞히면 생선은 없던 걸로 해 줄 수 있는데 말이지."

달라도 너무 달라!

85

냐옹이의 말에 투마는 입술을 깨물었어요. 공통점이 무엇인지 찾으려고 머리를 감싸 쥐었지만 당최 알 수가 없었어요.

"생각하는 건 어려워. 아니, 정말 싫어!"

아니나 다를까 투마는 금방 포기했어요. 그럴 줄 알았다는 듯 냐옹이는 혀를 쏙 내밀었어요.

"왕! 모두 왕이 있다는 거야. 입헌 군주제의 나라들이지. 입헌 군주제란 한마디로 왕은 있지만 실제로는 통치하지 않는 정치 형태야. 쉽게 말해서 이름만 왕이고 나라를 다스리지는 않는다는 뜻이야.

물론 영국과 일본도 입헌 군주제가 실시되는 나라야. 하지만 입헌 군주제라고 해도 국가별로 정치 상황은 다를 수 있어."

선거 불참, 이거 안 돼!

냐옹이가 입맛을 쩝쩝 다시는 바람에 투마는 어쩔 수 없이 생선을 가져왔어요. 혹시 몰라 여러 마리를 망토 안에 숨겨 두었어요. 심술 맞은 냐옹이가 생선을 더 바랄지도 모르는 일이었으니까요.

수정 구슬은 이제 장벽에 그림을 그리고 있는 사람들을 보여 주고 있었어요.

"그 유명한 베를린 장벽이지. 독일은 한때 동독과 서독으로 갈라져 있었는데 지금은 하나가 되었어. 저기를 좀 봐."

냐옹이가 가리킨 곳에 노랑, 빨강, 검정 색깔이 눈에 띄었어요.

"독일 사람들은 습관적으로 정당을 색깔로 분류한다고 해. 예를 들면 흑색당, 황색당처럼 말이야. 그래서 각 정당들은 자기 정당을 상징하는 색깔을 내세우고 선거 운동을 하지. 그런데 말이야 투표 용지가 복잡해서 사람들이 점점 투표를 안 한대. 아마도 투표 용지 사용법을 잘 모르나 봐. 크크."

"복잡한 건 정말 싫어."

투마는 조그맣게 투덜거렸어요. 그때 수정 구슬이 무언가 보여 주기 시작했어요. 투마는 눈을 뗄 수가 없었고 점점 가까이 다가가 손으로 잡으려고 했어요.

"어허, 함부로 만지지 마! 할머니한테 이른다."

뒷걸음질 치던 투마가 울상이 되었어요.

"지금 보는 건 와플이라는 거야. 그냥 빵의 일종이라고 생각하면 돼. 그리고 갈색 모양은 초콜릿이야. 와플과 초콜릿이 유명한 벨기에를 보여 줄 건가 봐."

냐옹이는 또 배가 고픈지 침을 흘렸어요.

"벨기에의 가장 큰 특징은 후보자 등록 방법에 있어. 후보로 나선 남자와 여자의 수가 똑같아야 한다는 거야. 그리고 후보로 등록된 1, 2번의 성이 달라야 한대. 독특하게도 투표율이 아주 높게 나온다던데?"

"그게 뭐가 독특해? 투표율이 높으면 좋은 거 아니야?"

투마는 입술을 삐죽 내밀었어요.

"끝까지 말을 들어야지! 벨기에는 투표를 하지 않으면 벌금을 내야 한대. 이래도 독특하지 않아?"

핀잔을 주는 냐옹이를 보며 투마는 입을 손으로 가렸어요.

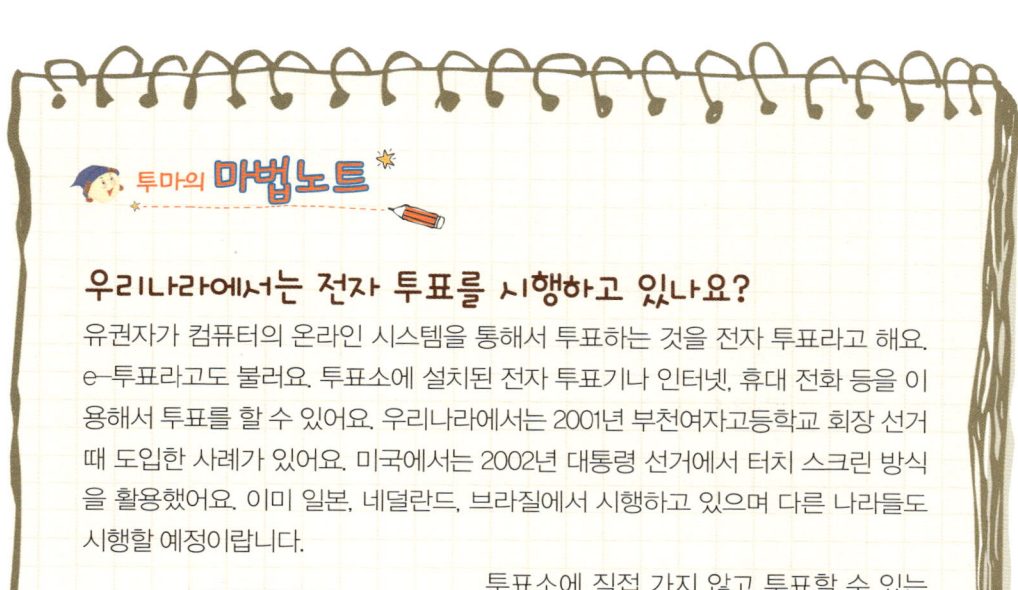

우리나라에서는 전자 투표를 시행하고 있나요?

유권자가 컴퓨터의 온라인 시스템을 통해서 투표하는 것을 전자 투표라고 해요. e-투표라고도 불러요. 투표소에 설치된 전자 투표기나 인터넷, 휴대 전화 등을 이용해서 투표를 할 수 있어요. 우리나라에서는 2001년 부천여자고등학교 회장 선거 때 도입한 사례가 있어요. 미국에서는 2002년 대통령 선거에서 터치 스크린 방식을 활용했어요. 이미 일본, 네덜란드, 브라질에서 시행하고 있으며 다른 나라들도 시행할 예정이랍니다.

투표소에 직접 가지 않고 투표할 수 있는 유비쿼터스 전자 투표 시스템도 있어요. 이는 투표소에 가서 투표를 해야 하는 터치 스크린 방식보다 더욱 발전된 투표 방법이지요. 우리나라도 제19대 총선 때부터 이를 활용하려고 했지만 조작과 해킹의 우려가 있어서 아직까지 도입이 미뤄지고 있답니다.

"그리고 벨기에는 전자 투표를 하고 있는 나라이기도 해."

수정 구슬은 다시 빠르게 돌아갔어요. 냐옹이는 가끔 코를 찡그리며 문 쪽을 바라보았어요. 투마도 덩달아 문 앞을 바라보았지만 이상한 느낌은 없었어요.

수정 구슬은 노란색, 빨간색, 흰색의 꽃들이 가득 피어 있는 꽃밭과 풍차가 돌아가는 풍경을 보여주었고 숫자 3을 연속으로 썼다 지우기를 반복했어요. 투마가 목을 쭉 빼고 수정 구슬을 살폈어요. 다른 건 몰라도 숫자 3이 무엇을 뜻하는지 궁금했어요.

　"튤립과 풍차의 나라 네덜란드는 대리 투표를 하는 나라야. 선거의 원칙 중에 직접 선거에 맞지 않는 일이기도 해. 평등 선거에도 위반되는 일이지."

　"귀찮게 왜 직접 가서 선거를 해. 남을 시키면 편하잖아. 네덜란드가 딱 내 스타일인데."

네덜란드를 상징하는 풍차와 튤립

투마가 헤벌쭉 웃었어요.

"일반적으로 다른 나라들의 대리 투표와 다른 점은 자기가 가지고 있는 투표권까지 다른 사람에게 준다는 점이야. 풀어서 말하면 누구를 뽑을지 조차도 대리 투표 하는 사람 마음대로 할 수 있다는 거야. 숫자 3은 한 사람이 3표까지도 대리 투표를 할 수 있다는 것을 의미해."

냐옹이는 혀로 발을 핥았어요.

"그런데 말이야 궁금하지 않아? 이렇게까지 해서 투표를 하는 이유 말이야."

투마는 고개를 좌우로 흔들었어요. 뭐든지 깊게 들어가는 것은 투마의 성격에 맞지 않았어요.

"많은 사람이 선거에 참여하는 게 그렇지 않은 것보다 더 나은 방법이라고 생각하기 때문이지. 하지만 무엇보다도 직접 자기 손으로 투표를 해야지."

힘주어 말하는 냐옹이가 투마는 사람 같아 보였어요. 솔직히 자기랑 상관도 없으면서 왜 저러는지 이해할 수 없었어요.

선거를 하지 않으면 안 된다고요?

우리나라는 선거를 하지 않는다고 해서 특별히 문제를 삼지 않아요. 자발적인 참여를 위해 다양한 방법을 써서 선거를 하도록 권하고 있지요. 하지만 일부 나라에서는 의무 투표제를 실시하고 있어요. 투표를 하지 않으면 불이익을 받을 수도 있다는 말이에요. 어떤 나라가 의무 투표제를 시행하고 있을까요?

벨기에
투표 1회 불참 시 최대 50유로(우리나라 돈으로 약 6만 5000원), 2회 불참부터 최대 125유로(우리나라 돈으로 약 16만 2500원)의 벌금을 내야 한다.

룩셈부르크
특별한 이유 없이 투표에 참석하지 않으면 선거법에 따라 벌금이 부과된다. 기권하는 횟수가 늘어나면 그만큼 벌금이 늘어나고 선거 인명부에서 삭제된다. 벌금은 10유로(우리나라 돈으로 약 1만 3000원)이다.

이탈리아
이탈리아의 헌법 조항에 따라 투표권 행사는 시민의 의무로 규정되어 있다. 정식적인 벌칙 규정은 없으나 기권한 경우, 자녀가 보육원에 입학을 신청했을 때 허가되지 않는 등 사회적 제재를 받는다.

이집트
남성만이 의무 투표제를 지켜야 한다. 위반 시에는 20파운드(우리나라 돈으로 약 1400원)를 벌금으로 내야 한다.

싱가포르
의무 투표를 위반했을 경우 선거 인명부에서 이름이 삭제된다. 다만, 정당한 이유가 있거나 싱가포르 화폐로 5달러(우리나라 돈으로 약 4200원)의 벌금을 지불하면 선거 인명부에 재등록된다.

"여기는 브라질이군. 쌈바 춤과 축구는 잊을 수가 없지."

냐옹이는 꿈을 꾸는 듯 사뿐사뿐 발을 움직였어요. 투마는 다리를 꼬고 앉아 그런 냐옹이를 한심하다는 표정으로 바라보았어요.

"흠. 브라질은 대통령을 뽑을 때 전자 투표를 해. 투표장에 설치된 투표 단말기에서 원하는 후보를 누르면 돼. 정말 간편하지? 그런데 더 놀라운 것은 투표 결과를 알아보는 시간도 5시간이면 된다는 점이야. 사람들이 엄청 많은데도 말이지."

"브라질은 벨기에처럼 투표를 하지 않으면 벌은 받지 않아?"

투마가 툭 질문을 던졌어요.

"이제서야 질문다운 질문을 하는군. 브라질은 투표에 참여하지 않으면 벌금을 내야 해. 또 사회에서 보장해 주는 연금 혜택에서도 불이익을 받지. 그래서 투표율이 굉장히 높대."

다음 나라로 넘어가려던 냐옹이는 수정 구슬에서 나오는 술병을 보고는 깔깔 웃었어요. 투마는 영문을 몰랐어요.

"정말 독특한 것이 하나 빠졌어. 투표하는 날 브라질은 술을 파는 일이 금지가 돼. 브라질은 보통 일요일에 선거를 하는데

투마의 마법노트

자서식 투표 방법이 뭘까요?

우리나라의 투표 방법은 기표식이에요. 기표식은 기호나 후보자의 이름이 적힌 투표지에 표시하는 것을 말해요. 우리나라뿐만 아니라 대부분의 나라에서 사용하고 있는 방식이지요. 기표식과는 다르게 자서식은 후보자나 정당의 이름을 투표 용지에 직접 쓰는 것을 말해요. 한때는 우리나라 재외 국민 선거에서 자서식 투표 방법을 사용한 적도 있었지만 2015년 법이 개정되어서 현재는 재외 국민들도 기표식으로 투표하고 있어요. 다만 국회 의원 선거에 한해 투표 용지에 문제가 있을 경우는 현지 관리자의 재량에 의해 자서식도 허용해 준답니다. 대통령 선거는 어떤 경우에도 기표식 투표만 가능하고요.

자서식 투표는 문맹률이 낮아야, 즉 다시 말해서 글을 읽고 쓸 줄 알아야 가능한 방식이에요. 자서식 투표의 장점은 유권자의 의사가 정확히 전달된다는 점에 있어요. 물론 후보 이름 또는 정당 이름을 쓰면서 실수를 할 수 있기 때문에 그에 따른 보완이 있어야 하겠죠. 예를 들면 일본은 유권자의 의사가 정확하게 전달되는 내용이면 표를 인정한다는 선거법을 적용해요. 그리고 한자나 가타카나, 히라가나, 알파벳 표기도 인정해 준다고 해요. 반면에 자서식 투표의 단점은 개표하는 데 시간과 비용이 많이 든다는 점이에요. 또한 글씨체를 통해 유권자 개개인을 알아낼 수 있다는 점은 비밀 선거에 위반되는 것이기도 해요.

토요일에서 일요일로 넘어가는 밤 12시부터 선거가 끝나는 다음날 오후 5시까지 술을 팔 수가 없다는군."

투마는 냐옹이에 대해 궁금증이 생겼어요. 수정 구슬에서 보여 주는 나라들을 너무나 잘 알고 있는 것이 수상했어요.

"인도에서는 부정 투표를 막기 위해서 어떤 방법을 쓰는지 알아?"

"알게 뭐야. 별로 안 궁금해."

퉁명스럽게 대답하는 투마에게 냐옹이는 펄쩍 뛰어올랐어요. 그러고는 코를 킁킁거렸어요. 마치 생선을 찾기라도 하는 것처럼 말이에요. 투마는 망토를 바짝 움켜잡았어요.

"인도에서는 투표를 끝낸 사람의 손가락에 막대기 모양을 표시한대. 어때, 재미있지?"

당황한 투마는 숨도 쉬지 않았어요. 하지만 그사이 냐옹이는 망토에 숨겨져 있던 생선을 날쌔게 꺼내었어요. 그러고는 꼬리를 살랑살랑 흔들면서 맛있게 생선을 먹기 시작했어요.

모든 나라가 선거를 하는 게 아니었어

분통을 터트린 투마와는 달리 냐옹이는 아랑곳하지 않았어요. 냐옹이는 입을 닦느라 정신이 없었어요.

"깔끔 떠는 고양이는 완전 싫어."

냐옹이는 투마의 말을 못 들었는지 수정 구슬을 다시 빙그르르 돌렸어요. 냐옹이가 갑자기 수정 구슬을 멈추자 수정 구슬은 머리가 긴 남자의 모습을 보여 주었지요.

"루이 14세야. 프랑스의 국왕이었고 '짐은 곧 국가다'라는 말로 유명하지. 국왕의 뒤를 이어 그의 자식이 왕위를 이어받는 것을 세습이라고 하는데 그 시절의 왕들은 다 그렇게 왕이 되었어. 아마 독재자와 비슷하다고 하면 이해하기 더 쉬울 거야."

"그런데 뜬금없이 루이 14세인지 15세인지는 왜 얘기하는 거야?"

"눈치코치 좀 있어라. 그런 왕들의 나라를 말해 주려는 거지. 전제 군주제라고 하면 알겠냐? 전제 군주제란 군주가 나라를 다스리는 것을 말해. 절대적인 힘을 가지게 되는 것이지. 수정 구슬의 깊은 뜻을 그리도 몰라?"

냐옹이는 투마를 째려보았어요. 투마도 같이 째려보다가 어느새 슬금슬금 냐옹이의 눈을 피했어요.

수정 구슬은 사우디아라비아를 보여 주었어요.

"오늘날에도 있는 전제 군주국 중 하나야. 헌법이라는 것이 없고 이슬람 율법 이슬람교를 믿는 사람이 따라야 하는 규칙이나 관습 사회 구성원이 널리 인정하는 질서나 풍습이 헌법을 대신한다고 해. 헌법이 뭔지는 알지?"

솔직히 투마는 헌법이 뭔지 정확히 몰랐어요. 하지만 모른다고 하기가 싫어서 헛기침만 계속했어요.

"공부 좀 해라, 공부 좀! 사우디아라비아는 의회 대신에 자문 위원회가 있는데 그 구성원들은 4년마다 뽑고, 자문 위원회의 의장은 국왕이 임명을 한대. 2005년에 최초로 지방 선거를 치르기도 했대. 하지만 여성들의 참여는 이루어지지 않았지."

"사우디아라비아처럼 국왕이 다스리는 나라가 지금도 많아?"

수정 구슬이 비추는 여러 나라를 보면서 투마가 물었어요.

"예전에는 많았는데 시간이 지나면서 국왕 통치제를 버린 나라들이 속속 등장했어. 네팔은 공화정으로, 바레인은 입헌 군주제로 바꾼 대표적인 사례야."

수정 구슬은 이제 아예 멈추어져 있었어요. 냐옹이는 점점 말이 빨라졌어요.

"조선 민주주의 인민 공화국이라고 들어 봤어? 알 리가 없겠지. 북한의 제 이름이야. 한반도의 북쪽에 있는데 세습으로도 모자라 독재 정치를 하고 있어. 국민들의 자유로운 의견에 따라 통치자를 뽑는 것은 상상도 못할 일이지."

냐옹이는 혀를 내둘렀어요. 그때 삐걱 하고 문 열리는 소리가 들렸어요.

"쉿! 할머니가 오셨나 봐. 내 생선! 잊지 마."

빠르게 뛰어가는 냐옹이의 뒤에 대고 투마는 혀를 날름 내밀었어요. 투마는 할머니의 발자국 소리를 들으며 침대에 누웠어요. 따뜻한 이불 속에 있으니 투마는 금방이라도 잠이 들 것 같았어요.

세계 첫 온라인 투표를 실시한 에스토니아

'작지만 아름답게 성공한 나라.'

2005년 영국의 경제 전문 잡지 ≪이코노미스트≫가 발트 해 연안의 떠오르는 작은 강대국 에스토니아에 보낸 축하 메시지이다. 1991년 구소련에서 독립한 인구 130만 명의 에스토니아는 아주 짧은 시간 내에 사회주의 계획 경제 정부가 경제를 통제하는 방식를 모범적인 시장 경제 체제로 바꿔 놓았다.

에스토니아는 2005년 10월에 치러진 지방 선거에서 세계 최초로 온라인 투표를 실시했다. 유권자들은 전국 어디서나 사용이 가능한 무선 인터넷을 통해 선거에 참여했다. 이것은 2002년 역시 세계 최초로 전 국민에게 전자 신분증을 발급했기 때문에 가능했.

2004년에 유럽 연합EU에 가입한 에스토니아는 의회가 아예 '인터넷에 대한 접근권은 국민 기본권'이라고 선언했을 정도로 인터넷 분야가 발달했다. 2005년에 열린 세계 경제 포럼에서 82개국을 대상으로 조사한 인터넷 활용도 순위를 보면 에스토니아는 8위를 차지했다. 이 중 금융 온라인 서비스 분야에서는 2위, 전자 정부 구축 부문에서는 3위에 올랐다.

이 나라를 처음 방문한 외국인들은 거리에서 은행을 찾지 못해 애를 먹는다. 대부분 온라인으로 금융 거래가 이뤄져 은행 지점이 별로 없기 때문이다. 정부의 주요 회의는 모두 화상으로 진행되고, 의회의 회의 모습과 주요 법안에 대한 정보도 인터넷으로 빠짐없이 공개된다. 인터넷으로 의료 서비스를 받는 것도 이미 일반화됐다.

에스토니아는 여러 가지 제한을 없애 사업하기 좋은 나라로 꼽힌다. 세계 은행이 발표한 사업 환경 보고서에 따르면 에스토니아는 사업하기에 좋은 국가 16위에 뽑혀 27위인 우리나라보다 기업들에 매력적인 나라로 꼽혔다.

시민, 개념 찾아오기

국어 사전에서 '시민'은 도시에 거주하는 사람을 뜻한다. 하지만, 권리와 의무를 갖고 정치와 사회 여러 분야에 적극적으로 행동하는 사람도 가리킨다. 오늘날 한 나라에 살고 있는 모든 사람을 시민으로 생각하면 된다. 시민과 조금 비슷해 보이지만, '신민'이라는 말도 있다. 신민은 어떤 통치자의 지배를 받으며 의무만을 가진 사람을 가리킨다. 물론 권리도 없고 통치자에게 어떠한 요구할 수 없기 때문에 정치 참여란 있을 수 없다. 신민은 조선 시대의 백성들을 떠올리면 된다.

시민과 비슷하게 사용되는 말로 '국민'이 있다. 국민은 어떤 국가(나라)에 살고 있는 사람을 가리키는 말이다. 어디에 있든 어떤 국가에 소속되어 그 국가의 대표자나 대표 기관, 헌법의 통치를 받는다는 의미로 주로 사용된다.

시민이라는 말은 시대와 장소에 따라 그 의미가 달랐다. 고대 그리스의 아테네에서는 성인 남자만을 시민으로 생각했다. 즉, 여자, 외국인, 노예는 시민에서 제외되었다. 고대 그리스의 성인 남자는 다른 나라와 전쟁이 일어날 경우 전쟁에 참여하여 나라의 안정을 지켰고(의무), 그 대가로 정치에 참여할 수 있었다(권리).

중세 말기에 이르면 물건을 만드는 산업과 이를 판매하는 상업을 통해 돈을 벌어들인 사람들이 새로운 계층으로 등장했는데, 이들을 시민이라 불렀다. 이들은 막대한 돈을 가지고 있었지만, 당시의 국왕과 귀족들로 인해 정치에 참여할 수는 없었다. 이 시기의 시민과 농민은 확연히 달랐다. 중세 말기의 시민들은 농민들과 함께 국왕과 귀족을 몰아내고 새로운 정치 체제를 뒤바꾸려고 시도했다. 그 사건이 바로 시민 혁명이다. 영국의 명예혁명, 미국의 독립 혁명, 프랑스 대혁명이 바로 그러한 사건에 해당한다.

시민 혁명을 이끌었던 사람들 역시 여성과 농민, 노동자들을 정치에서 제외시켰다. 시민들만 정치에 참여할 수 있도록 참정권을 제한했던 것이다. 그래서 노동자와 농민들은 참정권을 요구하였고, 곧이어 여성들도 목소리를 높이기 시작했다. 오랜 시간에 걸친 노력과 희생 덕분에 오늘날 모든 사람들은 시민이 될 수 있었다.

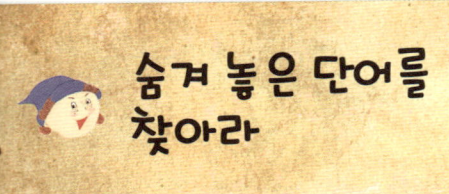

숨겨 놓은 단어를 찾아라

꼬마 마녀들의 초대로 마법 학교에 구경 온 드라큘라!
아뿔싸! 그런데 이게 왠일이에요? 마녀들이 힘들게 알아 온 선거와 관련된 단어들을 마법사님이 모조리 숨겨 놓았대요.
손님을 잘 맞이하기 위해 단어를 다 찾아야 해요. 어서 빨리요!

- 아르콘
- 평등 선거
- 간접 민주 정치
- 공명선거
- 선거관리위원회

프	행	추	권	루	가	칙	선
콘	랑	문	공	명	선	거	원
르	평	등	선	거	관	총	리
아	아	자	스	리	교	청	부
관	민	유	위	혁	육	대	령
전	자	원	국	독	명	립	미
슴	회	간	접	민	주	정	치

정치 참여, 어렵지 않아요

　마법 학교 마당에 서 있던 마법사는 흐뭇하게 먼 곳을 바라보고 있었어요. 그리고 두 팔을 벌려 바람을 느꼈어요. 바람은 꼬마 마녀들의 웃음소리를 전달해 주었어요. 마법사는 곧 마녀들이 도착한다는 것을 알고 있었어요.

　제일 먼저 도착한 것은 뿌마였어요. 뿌마는 긴 머리를 휘날리며 빗자루에서 사뿐히 내렸어요. 그러고는 내리자마자 거울을 들여다보며 엉킨 머리를 정리하는 것으로도 모자라 얼굴까지 매만지기 시작했어요.

　"마법사님! 이것 좀 보세요. 저하고 잘 어울리지 않아요?"

　꽃을 내미는 뿌마의 얼굴에는 자랑스러움과 뿌듯함이 피어올랐어요.

"허허. 정말 아름다운 꽃이로구나."

마법사는 꽃잎에 입김을 불어 한 송이의 꽃으로 만들었어요. 그런 다음 마당 한쪽에 소중히 심고 그 위를 흙으로 덮어 주었어요.

"뿌마야, 선거에 대해서는 다 알아 가지고 왔느냐?"

"그럼요. 제가 누구예요! 얼굴이면 얼굴, 몸매면 몸매, 어디 하나 빠지는 구석이 있나요?"

거울을 들여다보던 뿌마가 당연한 질문은 왜 하냐는 듯 입을 삐죽거렸어요.

"그래. 그럼 내 질문에 대답을 할 수 있겠구나. 선거란 좋은 대표자를 뽑는 것이지. 그렇다면 사람들이 정치에 참여할 수 있는 방법을 말해 보거라."

"네? 그게…… 그러니까……."

뿌마는 말을 똑바로 하지 못했어요. 그런 뿌마를 마법사는 놓치지 않았어요.

"지도가 그런 것은 알려 주지 않았나 보구나. 얼빠진 지도 같으니라고……. 허허허!"

마법사의 말씀에 놀란 뿌마는 멍하니 입을 벌렸어요. 창피해서 쥐구멍에라도 숨고 싶었어요.

"창피해 할 거 없다. 그럴 수도 있지. 하지만 대장은 포기하거라."

근엄한 마법사의 목소리에 뿌마는 고개를 푹 숙였어요.

"이왕, 이렇게 된 거 다른 마녀들이 올 때까지 선거 공부나 하자꾸나. 정치에 참여하는 방법은 어렵지 않단다. 그중 투표를 하는 일은 가장 중요한 정치 참여지."

뿌마는 마법사의 목소리가 전혀 들리지 않았어요. 자꾸 눈물이 나오려 해서 입을 앙 다물었어요. 마법사는 뿌마를 힐끔 쳐다보고는 다시 말을 했어요.

"어른들은 정당의 당원이 되어 당의 후보를 위해 선거 운동을 하기도 하지. 물론 정당을 고를 때는 깐깐한 잣대로 꼼꼼하게 살펴보는 것이 중요하단다."

뿌마는 여전히 바닥만 쳐다보고 있었어요. 마법사는 뿌마가 말을 걸때까지 기다려 주기로 했어요.

"브라질에 있는 포르투알레그레라는 도시의 이야기를 해 줄까? 그곳의 주민들은 자기가 살고 있는 도시를 직접 경영한다고 하는구나. 일 년 동안 도시에 들어가야 할 돈을 미리 계산하는 것을 예산이라고 하는데 그 예산을 어디에 사용해야 할지를 공무원이 아닌 주민들이 직접 결정을 한다는구나. 학교 시설을 고치고 상하수도 시설을 짓는 등 꼭 필요한 곳에 예산을 쓰니 주민들이 만족할 수밖에 없을게야. 그래서 다른 나라의 많은 도시에서 이 제도를 도입했단다. 이런 제도를 '주민 참여 예산제'라고 부르고 있지."

"저처럼 어린아이는 참여할 수 없는 거겠죠?"

그제야 뿌마는 고개를 들고 뾰로통한 표정으로 입을 열었어요. 마법사는 고개를 저었어요.

"어린아이도 참여한 도시가 있단다. 바로 브라질의 바하만사라는 도시야. 9~15세의 어린아이들이 예산의 일정 부분을 직접 결정하고 있는데 참으로 부러운 도시지. 아이들은 자연을 지키고 학교 시설을 고치는 일에 많은 의견을 모은다고 하는구나."

"와아, 그 아이들은 정치 참여를 직접 배우고 있는 거네요. 우리도 그거 해요. '주민 참여 예산제' 말이에요. 그럼, 저는 거리마다 거울을 설치할 거예요."

뿌마는 상상을 하는지 두 손을 모으고 미소를 지었어요.

조선 시대 사람들은 어떤 방법으로 정치에 참여했을까요?

조선 시대의 사람들도 다양한 방법으로 정치에 참여를 했어요. 첫 번째 방법은 과거 제도예요. 나랏일에 필요한 인재를 뽑는 시험을 과거라고 해요. 과거에 합격을 하면 관리가 될 수 있는데 정치에 직접 참여할 수 있는 방법이기도 해요.

두 번째는 상소문을 임금에게 올리는 방법이 있어요. 상소문은 일종의 편지예요. 왕이 내린 정책 결정이 옳지 않다고 생각이 들면 상소문을 올려 바른 정치를 할 수 있도록 의견을 냈어요.

세 번째는 백성들이 억울한 일을 당했을 때 신문고라는 북을 쳐서 임금에게 알리던 방법이에요. 하지만 관리들의 횡포와 어려운 절차로 문제가 많았대요. 신문고는 조선 초기부터 만들어 두었는데 한동안 제대로 운영되지 못했어요. 그래서 임금이 지나갈 때 징이나 북을 울리는 격쟁으로 바뀌었어요.

네 번째는 '민란'이에요. 대표적인 예로 동학 농민 운동을 들 수 있죠. 왕을 비롯한 관리들이 바르지 못한 정치를 펼쳤을 때 불만을 품은 농민들끼리 힘을 뭉쳐 대항한 거랍니다.

다섯 번째는 탈춤이나 판소리 같은 공연이 있어요. 일반 백성들이 공연을 하면서 양반들이나 관리들에 대한 불만을 풍자적으로 표현했어요.

"그래, 한번 노력해 보자꾸나. 그건 그렇고 비슷한 제도들이 여러 개 있단다. '주민 발의제', '주민 소환제', '주민 투표제'들이 대표적인 제도이지."

뒷짐을 지고 걸어가던 마법사는 계속 상상에 빠져 있는 뿌마를 보며 작게 한숨을 쉬었어요.

"마법사님! 다른 거 또 없어요? 참여할 수 있는 방법 말이에요. 잘 알아 두면 쓸모가 많을 거 같아요."

"그것 말고도 신문, 잡지, 텔레비전에 자신의 의견을 올리는 것도 한 방법이지. 인터넷이란 새로운 공간을 통해서 자신의 목소리를 내는 경우가 많은데 그것도 하나 얘기를 해 주마."

"혹시 이번에도 저와 같은 아이들의 이야기인가요?"

같은 또래의 아이들의 이야기가 나오자 뿌마의 관심은 두 배로 늘어났어요.

"말이 나온 김에 아이들의 정치 참여 방법을 말해 주어야 할 것 같구나. 광주광역시의 우산중학교 학생들은 '이주 노동자 인권 보호 연대'라는 단체를 만들었어. 그런 다음 이주 노동자들이 무료로 진료를 받을 수 있도록 몇몇 병원의 약속을 받아 내는 결과를 만들기도 했단다."

어느새 마법사는 정원을 둘러보며 잡초를 뽑고 있었어요. 뿌마는 잡초를 뽑는 둥 마는 둥 마법사의 말에 집중했어요.

"숲을 보호하기 위해 쓰레기를 줍고, 어려운 사람들을 도와주고, 교통질서를 지키는 일도 쉽게 할 수 있는 정치 참여란다. 학교에서 회의도 하고 이번처럼 대장을 뽑는 일도 다 포함이 되는 거지."

허리를 펴던 마법사는 하늘에서 작은 점을 발견했어요.
"저런 녀석을 보았나. 남아나는 빗자루가 없겠어. 쯧쯧."
"누구한테 그러시는 거예요?"
뿌마는 마법사를 따라 하늘을 올려다보았어요.

떳떳한 정치 후원금

"비켜! 비키란 말이야!"

"어…… 어!"

하늘에서 날아온 뚱마는 뿌마 위로 털퍼덕 쓰러졌어요.

"야! 뚱돼지 같으니라고! 내 갈비뼈 다 부러지겠네. 윽, 얼굴에 진흙……. 나 몰라!"

가까스로 일어난 뿌마는 거울을 보면서 신경질을 냈어요.

"미, 미안해. 빗자루가 말을 안 듣잖아. 내 탓이 아니야."

뚱마는 정말 미안했는지 뿌마의 옷을 털어 주었어요. 하지만 뿌마는 뚱마의 손을 거칠게 밀치면서 쌩하니 가 버렸어요.

"뿌마가 화가 많이 났나 봐요. 마법사님, 이를 어쩌죠?"

"걱정 마라. 곧 풀릴 거야. 그나저나 살이 더 찐 거 같구나."

"그게 말이죠. 맛있는 게 많아서요. 헤헤. 사실 찐 것이 아니라 부은 거예요. 많이 먹지 못해서 생긴 현상이죠."

뚱마는 불쌍한 눈으로 홀쭉해진 자기 배를 바라보았어요. 마법사는 뚱마의 엉뚱한 대답에 웃어야 할지 말아야 할지 헷갈렸어요.

"선거에 대해서는 잘 알아보았느냐?"

마법사는 걸음을 떼어 학교로 걸어갔어요. 한 손에는 뚱마의 부러진 빗자루가 들려 있었어요.

"그게 들은 것도 같고 본 것도 같은데 잘 모르겠어요. 아, 김밥은 생각 나요!"

뚱마는 김밥이 바로 앞에 있는 것처럼 코를 벌름거렸어요.

"으이구, 이 녀석아! 그럼 질문을 하고 싶어도 할 수가 없지 않느냐?"

마법사는 뚱마의 머리에 꿀밤을 주었어요.

"아, 생각났다! 어떤 아저씨가 공짜로 밥도 주고 흰 봉투도 나눠 주더라고요. 그런데 그런 거 받으면 안 되나 봐요."

지난번 일이 생각났는지 뚱마는 얼굴이 다시 붉어졌어요.

"쯧쯧, 부정 선거를 본 게로구나. 차라리 정치 후원금을 내면 좋을 것을……."

마법사는 혀를 찼어요.

"정치 후원금이 뭐예요? 후보자들 힘드니까 쓰라고 주는 돈인가요?"

"예끼, 이 녀석아! 정치 후원금은 정치 활동에 필요한 정치 자금을 기부하는 것을 말한단다. 개인이나 후원회를 통해서 이루어지지. 일단 후원회를 만들어 선거관리위원회에 신고해야 회원으로 들어 갈 수가 있어."

"그런데 얼마나 내야 해요? 왠지 많이 내야 할 것 같아요."

"자기 마음대로 내면 된단다. 단, 일 년간 1만 원 아래로는 안 되고 2000만 원을 넘어서도 안 된다고 정해 놓았지. 회원이 아니더라도 이름

시민 단체·비정부 기구도 정치 참여 방법 중의 하나

의료 혜택을 받지 못하거나, 전쟁, 기아, 자연적으로 발생하는 재해 등으로 고통 받는 각지의 세계 주민들을 도와주기 위해 만들어진 국제 민간 의료 구호 단체를 '국경 없는 의사회'라고 해요. 1971년 12월 프랑스 파리에서 만들어졌어요.

국경 없는 의사회는 인종, 종교, 정치적 이념에 상관없이 활동을 하고 있어요. 1999년에는 노벨평화상을 받기도 했어요. 70여 개국에서 3만 8000여 명이 활동하고 있는데 무엇보다 회원들이 스스로 내는 후원금과 회비로 운영하는 독립적인 단체예요. '그린피스', '옥스팜' 등과 함께 대표적인 국제 비정부 기구예요. 흔히 NGO 단체라고도 불러요. 그렇다면 국제 비정부 기구는 뭘까요? 국가가 아닌 일반인들이 모여 만든 국제적인 단체로서 세계의 환경, 빈곤 문제, 인권 문제 등을 해결하는 일을 한답니다.

그럼 우리나라 최초의 시민 단체는 무엇일까요? 바로 경실련이에요. 경실련은 '경제 정의 실천 시민 연합'의 줄임말이기도 해요. 경실련은 경제 살리기 운동과 더불어 실업률을 낮추기 위해 노력하는 대표적인 시민 단체라고 할 수 있어요.

을 밝히지 않고 낼 수 있는데 한 번 낼 때 10만 원, 연 120만 원으로 정해져 있어."

마법사의 말을 듣고 뚱마는 주머니를 뒤지기 시작했어요. 그러고는 아껴두었던 젤리를 꺼냈어요.

"한정직 후보한테 젤리라도 주고 와야겠어요. 이것도 정치 후원금 맞죠?"

뒤돌아 가려는 뚱마를 마법사가 얼른 잡았어요.

"뚱마야, 네 뜻은 좋다만 젤리가 썩 좋아 보이지 않는구나."

마법사는 미간을 찌푸리며 말했어요. 그래도 뚱마는 아쉬운지 자꾸만 뒤를 돌아보았어요. 그때 하늘에서 또마가 날아왔어요. 손에는 백과사전을 꼭 쥐고 말이에요.

선거! 이게 최선입니까?

"마법사님! 아직 늦지 않았죠? 선거에 대해서 다 알아 가지고 왔어요."

안경을 추켜올리는 또마는 약간 흥분되어 있었어요. 눈도 토끼처럼 빨갰어요.

"아이코 이런, 책을 너무 오래 본 게로구나. 늙은 마법사가 심술은 부리지 않았더냐? 어렸을 적부터 괴짜라서 말이지."

또마는 흠칫 놀라 백과사전을 바닥에 떨어뜨렸어요. 떨어진 백과사전을 주은 마법사가 손으로 먼지를 털어 냈어요.

"아……, 아니요. 도움을 많이 받았는걸요."

"뭐야? 누구한테 도움을 받은 거야. 이건 반칙이야. 그렇죠? 마법사님!"

뚱마가 씩씩거리며 동그란 배로 또마를 밀었어요.

"뚱마, 너도 할 말은 없을 거 같은데 말이야. 후후."

마법사는 학교 안으로 성큼 들어갔어요. 교실로 들어가자 뿌마가 여전히 거울을 보고 있었어요.

"자, 뿌마와 뚱마는 대장 후보에서 탈락을 했으니 또마에게 질문을 해야겠구나."

또마는 마법사의 말에 뿌마와 뚱마를 번갈아 보았어요. 뿌마와 뚱마는 서로 고개를 휙 돌렸어요.

"또마야, 선거는 인간들에게 꼭 필요한 제도란다. 민주주의의 꽃은 선거라고 할 만큼 중요한데, 과연 이 선거만으로 민주주의를 발전시킬 수 있을까?"

또마에게 주어진 질문은 다른 마녀들에게는 어렵게 느껴졌어요. 아무래도 또마는 아는 것이 많으니까 그럴 거라고 뿌마와 뚱마는 생각했어요. 뿌마는 뚱마에게 꽃을 찾은 얘기를 속닥거렸어요. 하지만 뚱마의 머릿속은 점심 먹을 생각으로 가득 찼어요.

"당연히 선거만큼 민주주의를 발전시킬 수 있는 방법은 없을 거라고 생각해요. 선거를 통해서 뽑힌 대표자는 가장 옳은 결정을 내릴 수 있는

사람일 테니까요. 그리고 다수의 의견, 그러니까 많은 사람의 의견을 받아들이는 일뿐만 아니라 민주 시민으로서의 의무와 권리, 역할 등을 배우게 되니까 민주주의가 발전할 수밖에 없지요."

또마는 긴장을 했는지 이마에 땀방울이 맺혔어요. 마법사는 또마의 말에 고개를 끄덕이며 빙그레 웃었어요.

"제대로 알아 왔구나. 하지만……."

마법사는 끝말을 흐렸어요. 또마는 틀린 것이 없나 다시 짚어 보았어요.

"인간들은 실수가 많은 법이지. 선거 또한 아무리 좋은 제도라 해도 허점이 많단다. 시민들은 정치인이 내세우는 잘못된 약속에 속아 대표자를 뽑기도 하고, 사실 권력자나 유명한 사람들이 선거에 더 유리한 것이 인간들의 세상이란다. 가장 큰 문제점은 정치인에게 의지하다 보니 직접 문제를 해결하는 능력이 떨어지는 것이지."

그때 뿌마가 끼어들었어요.

"그러면서 민주주의가 만들어지는 거잖아요. 우리가 싸우면서 크듯이 말이에요."

"맞아, 맞아!"

뚱마가 맞장구를 쳤어요.

"그래, 너희 말도 맞는 말이야. 하지만 민주주의가 계속 발전하기 위해서는 선거만으로는 안 된단다. 스스로 움직이는 시민과 그런 시민들이 직접 참여할 수 있는 제도가 더 많아야 하지."

그때 우당탕 소리를 내면서 투마가 교실로 들어왔어요. 머리는 밤송이처럼 삐쳐 있었고, 입가에는 침을 흘렸는지 하얀 자국이 생겨 있었어요.

"나는 제 시간에 오는 게 제일 싫어!"

투마는 머리를 긁적거리며 퉁명스럽게 말했어요. 다른 마녀들은 깔깔거리며 웃었어요.

"투마에게도 기회를 줘야지. 투마에게는 말이다, 어떤 것을 물어 볼까?"

　마법사는 생각에 잠겼어요. 하지만 투마는 질문 받는 게 싫다면서 대장 자리를 포기했어요.

　"그럼, 너희 중 대장으로 마땅한 사람이 없구나. 안타깝지만 딱히 좋은 방법도 떠오르지 않고 이를 어쩐다."

　마법사는 조용히 교실 문을 나섰어요.

　교실에 남은 네 명의 마녀들은 서로 얼굴만 멀뚱멀뚱 바라보았어요.

　"그러지 말고 한 명씩 돌아가면서 대장을 하면 어떨까?"

　또마가 마녀들 눈치를 보면서 말했어요.

　"좋아. 일단 집에 가서 씻고 만나자. 윽, 더러워서 못 참겠어."

　뿌마가 일어서자 뚱마도 배가 고프다며 줄행랑을 쳤어요. 투마는 투덜거리기는 했지만 싫다는 말은 하지 않았어요. 또마도 밀려오는 잠을 자기 위해 마법 학교를 나섰어요.

마법사의 마법노트

우리나라 선거와 중국 선거, 무엇이 다를까?

우리나라는 대통령 중심제의 나라예요. 5년마다 대선을 치르는데 말하자면 선거를 통해 대통령을 뽑는 거예요. 선거의 4가지 원칙인 보통, 평등, 직접, 비밀 선거에 따른 민주적인 선거를 하지요. 대통령을 뽑는 선거만 있는 것은 아니에요. 국회 의원을 뽑는 총선을 4년에 한 번씩 한답니다. 지방 자치 단체장과 지방 의회 의원을 뽑는 지방 선거도 4년마다 하고 있어요. 예를 들어 우리가 살고 있는 시의 시장이나 구청장을 뽑는 것을 말해요. 국회 의원은 지역 대표 의원과 비례 대표 의원으로 나뉘어져요. 비례 대표 의원의 경우 각 정당이 전국적으로 얻은 표의 많고 적음에 따라 뽑고, 지역 대표 의원은 지역 주민의 직접 선거로 뽑아요.

한편, 중국은 땅이 어마어마하게 큰 나라예요. 하지만 우리나라와는 다르게 정당이 하나밖에 없어요. 바로 중국 공산당이죠. 국민들이 할 수 있는 직접 선거와 당원들만 할 수 있는 간접 선거를 동시에 하는데 '중국 인민 대표 대회 및 지방 각급 인민 대표 대회 선거법'에 따라 선거를 한다고 해요. 국가 주석, 부주석, 최고 인민 법원장 등 국가의 주요 지도자들을 선거를 통해 뽑기는 하지만 국민이 뽑는 것이 아니라 전국 인민 대표 대회에서 뽑아요. 국가 주석은 공산당 중앙 위원회의 추천을 받아야 하고 5년마다 한 번씩 뽑아요. 임기는 2회를 못 넘기게 되어 있어요. 부주석은 국가 주석이 지정하는데 전국 인민 대표 대회에서 허락을 해야 해요. 중국의 선거 방식은 마치 피라미드 모양과 닮아 있어서 높은 위치에 있는 당원들만 중요한 선거를 할 수 있게 되어 있어요. 아직까지 국민들의 정치 참여가 사실 힘들다고 보면 돼요.

진화하는 첨단 투표·개표 장비들

대통령 및 국회 의원 선거는 온 국민의 관심이 집중되는 만큼 투표 결과를 정확하고 빠르게 전달하기 위해 매번 각종 첨단 기술이 동원된다. 각종 장비들은 한 치의 오차도 허용되지 않는 '정확성'과 '안전', '신속'에 초점을 맞춘다.

초기의 선거법에는 기표 도구에 대한 규정이 없었기에 대나무나 총알 탄피로 인주도장을 찍는 데 쓰는 붉은 재료(도장밥)를 찍어 투표하는 일도 있었다. 이후 플라스틱 볼펜대를 사용하기도 했는데 2006년부터 도입된 흰 볼펜처럼 생긴 기표 도구는 몸체 내부에 잉크 충전통이 있어서 인주를 찍을 필요가 없다. 그래서 기표소 안에 들어갔던 유권자들이 "인주가 어디 있느냐"고 질문하는 일도 간혹 벌어졌다. 만약 잉크가 잘 나오는지 보려고 기표란 안쪽에 연습을 하다 보면 자칫 무효표가 될 수도 있다.

투표 용지는 M사와 H사가 생산하는 특수지로 만들어진다. 전자 판독 오류를 방지할 수 있도록 일반 종이보다 평평하고 정전기가 발생하지 않게 만들기 위해 고도의 기술력이 필요한데, 가격도 일반 인쇄 용지보다 1.5배가량 비싸다.

제20대 국회 의원 선거부터 지금까지 사용 중인 투표지 분류기는 후보가 6명일 때 1분에 투표 용지 420장을 처리할 수 있다.

기표대 역시 관리가 어려운 목재와 철재를 거쳐 2004년부터는 가볍고 튼튼한 알루미늄 기표대가 등장했고 2007년에는 간편한 설치와 해체를 위해 골판지 재질로 만들어진 기표대가 선보였다. 또한 20대 총선부터는 장애인들이 사용하기 힘들다는 문제점을 해결하고자 폭이 넓고 튼튼한 플라스틱형 기표대로 바뀌었다.

각 나라의 선거 연령을 맞춰라!

마법사가 마녀들의 생일을 맞아 선물을 준비했어요. 그런데 그냥 선물을 줄 수 없다나요! 마녀들은 마법사의 모자에서 나오는 각 나라의 선거 연령을 맞추어야만 선물을 받을 수 있대요.
꼬마 마녀들은 무사히 선물을 받을 수 있을까요?

- 이란
- 미국, 독일, 캐나다, 중국, 노르웨이
- 싱가포르, 파키스탄, 쿠웨이트
- 오스트레일리아, 대한민국

- 18살이 되면 선거를 할 수 있는 나라는 어딜까?
- 21살이 되어야 선거를 할 수 있지롱. 찾아봐!
- 15살이면 가능해! 부럽지?
- 적어도 19살은 되어야지. 안 그래?

간접 민주 정치 오늘날은 국토가 넓고 인구도 많으며 다양한 가치가 존중 받는 사회이기 때문에 모든 사람이 정치에 참여하는 일이 어려워졌다. 그래서 시민들은 선거를 통해 대표를 뽑아 자신들을 대신하여 나랏일을 돌보게 하였는데, 이를 '대의제'라고도 한다.

공화 정치 시민들이 선출한 대표자 또는 대표 기관의 뜻에 따라 이루어지는 정치를 말한다. 흔히 민주 정치와 혼동하는데, 민주 정치는 민주주의 원칙에 의한 정치를 말하고, 공화 정치는 독재자 없이 여러 사람이 함께 모여 나랏일을 하는 정치를 말한다. 우리나라 헌법 제1조를 보면, '우리나라는 민주 공화국'이라고 명확히 밝혔다. 이것은 우리나라가 민주주의를 하면서 동시에 공화 정치를 한다는 것을 의미한다.

당원 정당에 가입하여 정당을 구성하는 사람을 말한다.

대리 투표 다른 사람의 투표를 대신해 주는 일을 가리킨다.

대선 대통령 선거를 짧게 줄인 말이다.

도편 추방제 고대 그리스의 아테네에서 독재자의 등장을 막으려는 제도로, 국가에 해를 끼칠 가능성이 있는 사람의 이름을 조개껍데기 또는 도자기 파편에 적어 총 6000표가 넘으면 국외로 10년간 추방했다.

민주주의 왕이나 귀족들이 아니라 다수의 시민이 나라를 다스리는 정치 형태를 가리킨다. 민주주의는 정치 형태를 나타내기도 하지만 일상생활에서도 널리 쓰인다. 민주주의의 근본 이념은 인간의 존엄성을 실현시키는 것인데, 사람이라면 누구나 존중 받아야 한다는 의미이다. 이는 자유와 평등을 보장함으로써 가능하다.

민회 시민들이 만든 회의를 가리키는데, 고대 그리스에서는 한 달에 한 번씩 열렸다.

배심원 법에 대한 전문가가 아닌 일반 시민 중에 선출되어 재판에 참여하고 판단을 내리는 사람이다.

보궐 선거 특별한 사정이나 사고로 인해 대표자의 자리가 비게 되었을 때 다시 치르는 선거이다.

비례 대표제 선거권을 가진 사람이 지지 정당에 투표를 하면 표를 얻은 비율에 따라 정당별로 당선자의 수를 정하는 방법이다.

세습 한 집안의 모든 것(재산, 신분, 직업 등)을 물려주고 물려받는 것을 말한다.

여론 어떤 일에 대해 시민 대부분이 갖고 있는 공통적인 생각이나 의견을 말한다.

예산 정부가 국가 운영에 필요한 돈이 얼마인지 미리 계획하는 것을 말한다.

유권자 선거를 할 권리를 가진 사람을 말한다.

의회 선거를 통해 뽑힌 대표들이 모여 나랏일을 의논하고 결정하는 회의를 가리킨다.

인권 인간이 태어나면서 갖는 가장 기본적인 자유와 권리를 가리킨다. 우리나라에서는 인권의 침해와 차별 행위를 조사하고 바로잡기 위해 국가 인권 위원회를 설치하였다.

입헌 군주제 국왕이 있지만 헌법에 따라 국왕의 통치를 제한한 정치의 한 형태를 말한다.

자문 위원회 특별한 문제나 법률적으로 발생한 문제에 대한 의견을 듣기 위해 전문가들로 이루어진 위원회이다.

재선거 선거에서 뽑힌 후 일을 시작하기 전에 부정 선거 등으로 당선 무효가 되어 선거를 다시 치르는 것을 말한다.

재외 국민 선거 선거 기간 동안 자국민이 외국에서 살거나 잠시 동안 머물러 있을 경우 치러지는 선거이다.

전자 투표 인터넷으로 연결된 컴퓨터나 다른 기기를 통해 투표하는 것을 말한다.

전제 군주제 왕이 절대적인 힘을 가지고 나라를 다스리는 정치 형태이다.

정당 정치적으로 뜻을 같이하는 사람들이 모여 만든 집단을 말하며, 정치적인 책임을 갖고 있다. 정치권력을 얻는 것을 목적으로 한다. 이는 소속 정당에서 대통령을 배출하거나 국회 의원의 수를 많이 확보함으로써 가능하다.

정치 후원금 정당이나 국회 의원 등에게 떳떳한 절차를 통해서 기부하는 돈으로 개인이나 후원회를 통해서 이루어진다.

주민 발의제 지역 주민의 생활과 가장 밀접한 관련이 있는 법률인 조례 제정을 주민이 직접 추진하는 제도이다.

주민 소환제 지역 주민들이 그 지역의 공직자를 해임시킬 수 있는 제도로, 우리나라는 2007년에 도입되었다.

주민 투표제 지방 자치 단체의 중요 정책 사항 등을 지역 주민들의 투표로 결정하는 제도이다.

지방 자치제 지역의 일을 지역 주민들이 스스로 처리하는 제도로, 지역 주민들의 사정에 가장 적합한 문제 해결과 복지를 위한 정치 형태이다. 지역 주민들이 정치에 적극적으로 참여할 수 있는 방법으로 '풀뿌리 민주주의'라고도 한다.

직접 민주 정치 간접 민주 정치와 대비되는 말로, 시민들이 직접 정치에 참여하여 나랏일을 하는 것을 가리킨다.

총선 국회 의원을 한꺼번에 뽑는 선거를 말한다.

헌법 나라를 다스리는 데 기본이 되는 법으로 한 국가에서 가장 높은 법이다. 헌법 아래에 법률, 명령, 조례, 규칙 등이 있으며, 흔히 법이라고 하면 이 모두를 가리킨다.

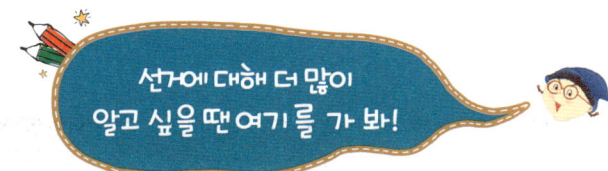

대한민국 어린이 국회 http://child.assembly.go.kr
어린이들이 민주주의 체험을 할 수 있는 기회를 주고, 민주주의 시민으로서의 자랄 수 있도록 많은 정보를 제공해요. 어린이와 청소년들이 국회의 의정 활동을 만화로 볼 수 있는 곳이에요. 입법, 정당 활동은 물론 퀴즈와 색다른 체험을 즐길 수 있어요.

중앙 선거관리위원회 http://www.nec.go.kr
각각의 선거 일정과 선거관리위원회법, 정당법, 전국 지방 선거 자료 등을 제공해 줘요.

한국 매니페스토 실천 본부 http://www.manifesto.or.kr
새로운 정책을 제안하고, 정책 선거 및 지방 선거에 대한 자료를 제공하고 있어요. 올바른 민주주의 정착을 위해서 전국적으로 활발하게 매니페스토 실천 운동을 펼치고 있어요. 매니페스토는 구체적인 예산과 추진 일정을 갖춘 선거 공약을 뜻해요.

온라인 투표 시스템 http://www.kvoting.go.kr
PC나 스마트폰 등을 이용한 온라인 투표 서비스를 제공하는 사이트예요. 선거관리위원회가 관리하고 있으며 이용 신청서를 작성해 제출하면 정당 당대표 경선이나 아파트 동대표 선거까지 최신 기술인 블록 체인 기술을 도입해 안전하고 공정한 선거 진행을 선거관리위원회가 도와준답니다.

신 나는 토론을 위한 맞춤 가이드

선거에 대한 이야기를 재미있게 읽었나요? 이제 선거 박사가 다 되었다고요? 그 전에 마지막 단계인 토론을 잊지 마세요. 토론을 잘하려면 올바른 지식과 다양한 정보가 바탕이 되어야 해요. 책을 읽고 친구 또는 엄마와 함께 신 나게 토론해 봐요!

잠깐! 토론과 토의는 뭐가 다르지?

토론과 토의는 모두 어떤 문제를 해결하기 위해 의견을 나누는 일입니다. 하지만 주제와 형식이 조금씩 달라요. 토의는 여러 사람의 다양한 의견을 한데 모아 협동하는 일이, 토론은 논리적인 근거로 상대방을 설득하는 일이 중요합니다. 토의는 누군가를 설득하거나 이겨야 하는 것이 아니기 때문에 서로 협력해서 생각의 폭을 넓히고 좋은 결정을 내릴 때 필요해요. 반면 토론은 한 문제를 놓고 찬성과 반대로 나뉘어 서로 대립하는 과정을 거치지요. 넓은 의미에서 토론은 토의까지 포함하는 경우가 많습니다. 토론과 토의 모두 논리적으로 생각 체계를 세우고, 사고력과 창의성을 높이는 데 도움을 준답니다.

토론의 올바른 자세

말하는 사람
1. 자신의 말이 잘 전달되도록 또박또박 말해요.
2. 바닥이나 책상을 보지 말고 앞을 보고 말해요.
3. 상대방이 자신의 주장과 달라도 존중해 주어요.
4. 주어진 시간에만 말을 해요.
5. 할 말을 미리 간단히 적어 두면 좋아요.

듣는 사람
1. 상대방에게 집중하면서 어떤 말을 하는지 열심히 들어요.
2. 비스듬히 앉지 말고 단정한 자세를 해요.
3. 상대방이 말하는 중간에 끼어들지 않아요.
4. 다른 사람과 떠들거나 딴짓을 하지 않아요.
5. 상대방의 말을 적으며 자기 생각과 비교해 봐요.

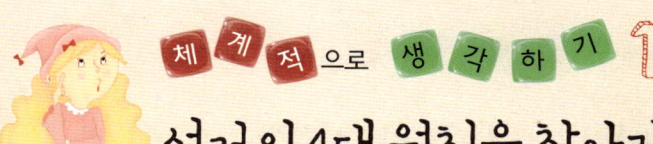

체계적으로 생각하기 1
선거의 4대 원칙을 찾아라!

네 명의 꼬마 마녀가 알아낸 선거의 4대 원칙을 기억하나요? 하지만 대장을 뽑으려고 모인 꼬마 마녀들은 벌써 잊어버린 것 같아요. 꼬마 마녀들이 하는 이야기를 듣고 선거의 4대 원칙 중 어떤 원칙에 어긋나는 말인지 그리고 그 원칙은 무엇인지 설명해 보아요.

후후, 누굴 뽑았니? 나한테만 알려줘. 아무한테도 말하지 않을게.

1. _____ 에 반대되는 행동이야.
_____ 에 따르면,
_____

똑똑한 사람은 두 표를 줘야 하지 않을까? 그래야 대장을 잘 뽑을 텐데…….

2. _____ 에 반대되는 행동이야.
_____ 에 따르면,
_____

친구랑 맛있는 뷔페 식당에 가기로 했어. 그래서 투마에게 대신 투표를 해달라고 부탁했어.

3. _____ 에 반대되는 행동이야.
_____ 에 따르면,
_____

마법사 마을 대장 선거는 우리 마녀들만 투표를 하면 어떨까? 다른 마법사는 안 돼!

4. _____ 에 반대되는 행동이야.
_____ 에 따르면,
_____

투표는 의무일까 권리일까?

선거는 자신의 의견을 표현하고 대표를 통해 나라 일에 참여할 수 있기 때문에 매우 중요한 일이에요. 하지만 우리나라 투표율은 45~50%로 다른 선진국에 비해 굉장히 낮은 편이죠. 우리나라는 투표를 하지 않는다고 해서 불이익을 당하지 않아요. 투표를 하지 않았을 때 벌금이나 벌칙을 부과하는 나라인 벨기에, 룩셈부르크, 호주 등은 투표율이 90%에 달해요. 다음 신문 기사를 읽고 토론을 해 봅시다.

작년 말에 코리아컨설팅네트가 실시한 여론조사에 따르면 국민들은 '노력한 만큼 정당한 대우를 받는 사회'(35.5%)를 우리가 앞으로 지향할 가치로 가장 많이 지지했다. '소득에 상관없이 누구에게나 복지가 잘 이뤄지는 사회'(19.3%), '자율과 경쟁 속에서 지속가능한 성장이 이뤄지는 사회'(15.1%)보다 훨씬 높았다. 정치권은 이런 국민의 욕구를 직시해야 한다. 국민이 진정 무엇을 요구하는지 모르고 선거에 임한다면 국민이 주인인 선거가 자리 잡을 수 없다.

보편적 복지와 평등 민주주의를 지향하는 스웨덴의 경우 의무 투표제를 실시하지 않지만 투표율이 80%를 웃돈다. 각 정당이 국민이 직접 느낄 수 있는 구체적인 정책을 둘러싸고 치열하게 경쟁하기 때문이다. 이런 나라에서는 감성적인 충동 투표가 설 땅이 없다. 그동안 선거 과정에서 정치권이 약속했던 개혁의 100분의 1만 실천했더라도 대한민국 정치는 지금 대화와 타협이 살아 숨쉬는 선진 정치의 길을 걷고 있을 것이다.

2012/01/06 동아일보

1. 왜 우리나라의 투표율은 낮은데 반해 의무 투표제를 하는 나라의 투표율은 높을까요?

2. 투표율을 높이기 위해서 우리나라에서도 의무 투표제를 실시해야 할까요? 투표는 의무일까요 권리일까요? 의무 투표제를 두고 찬성과 반대를 나누어 토론을 해 봅시다.

찬성: 투표는 의무이다.

반대: 투표는 권리이다.

VS

3. 우리나라 투표율을 높이기 위한 다른 아이디어가 있다면 적어보고 다른 친구들과 의견을 나누어 봅시다.

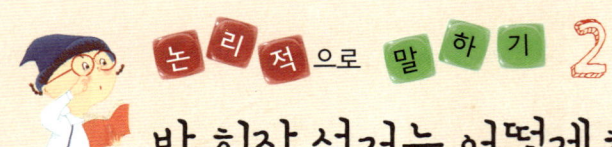

반 회장 선거는 어떻게 해야 하지?

선거는 교실에서도 찾아볼 수 있습니다. 예를 들어 우리는 반 회장이나 학생 회장을 뽑을 때 투표를 하지요. 어떻게 하면 공정한 방법으로 반장을 뽑을 수 있을까요? 다음 신문 기사를 읽고 토론을 해 봅시다.

"저도 반장 선거에 나갔어요. 그런데 어떤 애가 불고기버거세트를 돌렸어요. 다들 그 아이가 반장으로서 잘할 수 있을지를 판단하지 않고 뽑아줬어요. 억울해서 저는 울고 말았어요. 국회의원 선거도 같다고 생각합니다."

울산 남구선관위가 최근 울산 삼신초등학교 학생들을 대상으로 한 공명선거 편지쓰기 공모에서 뽑힌 입상작 42편 가운데 6학년 문○○양의 편지에는 공명선거에 대한 동심이 잘 드러나 있다.

"전교 회장을 뽑을 때면 학교 전체가 시끄러워집니다. 금지된 팜플렛으로 자신을 알려 선거운동을 합니다. 어떤 언니 오빠들은 뽑히면 맥도날드나 음식점에 친구들을 데려갑니다. 이런 행동이 모두 커다란 국가선거에서부터 내려온 것이 아닐까 하고 생각합니다." (6학년 이○○양)

5학년 탁○○양은 자신의 경험을 소개하는 것으로 '어른 유권자'들에게 충고를 보냈다. "저도 반장선거 때 인기 있는 아이를 뽑을까, 자기를 찍어 달라고 부탁한 아이를 뽑을까, 많이 흔들렸어요. 그러나 반을 위해서 정말 믿음직한 아이를 뽑았어요."

2012/04/07 동아일보

1. 반 회장 선거 날이 다가오면 후보 부모님이 반 아이들에게 맛있는 간식을 사 주시거나 또는 팸플릿이나 홍보 운동 등 선거 활동에 적극적으로 참여하는 모습을 볼 수 있어요. 부모님의 도움으로 반 회장 선거를 나가는 것에 대해 찬성과 반대를 나누어 토론을 해 봅시다.

찬성: 부모님의 도움을 받아도 된다.

VS

반대: 부모님의 도움을 받아서는 안 된다.

2. 내가 반 회장을 뽑을 때 가장 중요하게 생각하는 것은 무엇인가요? 외모나 학교 성적인가요 아니면 친구들과 잘 어울리는 적극적인 성격인가요? 생각나는 대로 적어보고 난 후 친구들과 의견을 나누어 봅시다.

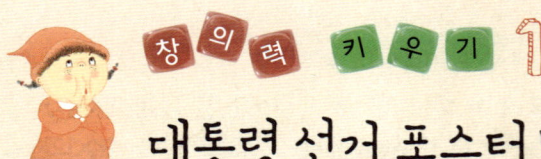

대통령 선거 포스터 만들기

공약이란 후보자들이 국민들에게 "어떤 일을 실행할 것을 약속"하는 일이랍니다. 만약 여러분이 대통령 후보에 나간다고 생각해 보세요. 국민들에게 어떤 공약을 내세울 건가요? 공약이 담긴 선거 포스터를 만들어 봅시다. 자신의 사진을 붙이거나 그림을 그려도 좋아요.

(사진이나 그림)

이 약속만은 꼭 지키겠습니다!!

첫째,

둘째,

셋째,

기호   번

예시 답안

선거의 4대 원칙을 찾아라!
1. **비밀 선거** : 자신이 누굴 뽑았는지 다른 사람에게 알릴 수 없어.
2. **직접 선거** : 다른 사람이 아닌 자신이 직접 투표하는 거야.
3. **평등 선거** : 한 사람 당 한 표씩 투표할 수 있어.
4. **보통 선거** : 만 19세 이상이 되면 누구든지 투표를 할 수 있어.

투표는 의무일까 권리일까?
1. 우리나라 국민은 투표를 하지 않아도 불이익을 당하지 않는다. 반면에 의무 투표제를 실시하는 나라는 벌금을 내거나 벌칙을 받아야 한다.
2. **찬성** : 사람들이 정치에 더 관심을 가지게 되어 나라 발전에 도움이 된다.
   반대 : 오히려 투표에 대한 국민의 자유를 빼앗는 것이므로 민주주의에 어긋난다.

반 회장 선거는 어떻게 해야 하지?
1. **찬성** : 부모님은 반 회장 선거에 대한 아이디어나 경험이 많기 때문에 어느 정도의 도움은 필요하다.
   반대 : 반 회장이 될 사람은 부모님이 아닌 나 자신이다. 그리고 부모님의 도움을 받지 못하는 아이들과 공정하게 경쟁을 해야 한다.

글쓴이 이여니

대전에서 태어나 골목대장인 오빠를 따라 사계절 산과 들로 뛰어다니며 자랐어요. 어느 날 우연히 마법처럼 동화를 알게 되면서 동화에 푹 빠져 살고 있지요. 개구쟁이 아들과 깔깔거리면서 만화책 읽기를 좋아하고, 레벨 높은 카드만 보면 눈이 왕방울만 해진답니다. 『아주 먼 길』로 샘터문학상을, 『아빠 사용 쿠폰』으로 황금펜아동문학상을 받았어요.

그린이 김정혜

대학에서 의상디자인을 전공하고 패션디자이너로 근무하다 현재는 밝고 따뜻한 그림으로 어린이를 위한 그림책을 그리는 일러스트레이터로 활발히 활동 중입니다. 현재는 《어린이동산》에 연재되는 창작 동화의 삽화를 그리고 있습니다.

초등 과학동아 토론왕 시리즈 ❹ 정정당당 선거

- 이 책에 실린 일부 내용은 《과학동아》, 《어린이과학동아》에 게재된 기사를 재인용하였습니다.
- 이 책에 실린 사진은 다음과 같이 기관 혹은 개인으로부터 게재 허가를 받았습니다. (가나다 순) 다만 출처를 잘못 알고 실은 사진이 있는 경우 해당 저작권자와 적법한 계약을 맺을 것입니다.

동아일보
이미지비트
위키피디아
Andrew Dunn (영국 세인트 폴 성당 사진)
Chris 73 / Wikimedia Commons (일본 도쿄 국회 의사당 사진)